BLACKWELL'S GERMAN TEXTS
General Editor: ALEXANDER GILLIES

LESSING
EMILIA GALOTTI

Edited by

E. L. STAHL, M.A., Ph.D.

TAYLOR PROFESSOR EMERITUS, UNIVERSITY OF OXFORD
STUDENT EMERITUS, CHRIST CHURCH, OXFORD
SUPERNUMERARY FELLOW, THE QUEEN'S COLLEGE, OXFORD

BASIL BLACKWELL · OXFORD
1973

First printed September, 1946
Sixth Impression 1973

ISBN 0 631 01390 3

PRINTED IN GREAT BRITAIN
BY COMPTON PRINTING LTD., LONDON AND AYLESBURY
FOR BASIL BLACKWELL & MOTT LTD.
AND BOUND BY
THE KEMP HALL BINDERY, OXFORD

CONTENTS

PERSONEN

EMILIA GALOTTI

ODOARDO und
CLAUDIA } GALOTTI, Eltern der Emilia

HETTORE GONZAGA, Prinz von Guastalla

MARINELLI, Kammerherr des Prinzen

CAMILLO ROTA, einer von des Prinzen Räten

CONTI, Maler

Graf APPIANI

Gräfin ORSINA

ANGELO, Bandit

PIRRO, und einige Bediente

PREFACE

Emilia Galotti was first published in the collected edition of Lessing's *Trauerspiele* of 1772 (pp. 241–394). In the same year three separate editions were published. Of the first of these E. Grosse says: 'Der erste Einzeldruck (ist) derselbe Satz wie in der Gesamtausgabe der Trauerspiele; es wurde in jenem nur der freie Raum von S. 384 benutzt und von da an der Satz etwas verengert, um mit 4 statt 5 Blättern auszukommen, so daß aus den letzten 9½ Seiten der Trauerspiele 8 Seiten und 5 Zeilen der 1. Einzelausgabe gemacht sind. Dieselbe hat alle Druckfehler des Textes mit einziger Ausnahme von S. 148 beyden — beiden, wofür in den Trauerspielen richtig beiden — beiden steht . . . Lessing hat die Bogen dieser Ausgabe zur Correctur bekommen, wie aus seinen Briefen hervorgeht' (*Der Text von Lessings Emilia Galotti, Schnorrs Archiv für Literaturgeschichte*, vol. XI, p. 376). The text of the second and third separate editions is based on that of the first separate edition. No other appeared in Lessing's lifetime in Germany.

For the text of the present edition I have adopted throughout a modern system of orthography and punctuation. Lessing wrote, e.g., ohnstreitig, ohnweit, kömmt, fodern, itzt, betauren, eräugnen. There are some textual problems which I have had to leave unsolved, as I have not had access to the *Trauerspiele*, and have seen only one of the 1772 editions. There are certain discrepancies between the text of this edition and that of several modern editions. I have drawn attention to them in the Notes.

My grateful thanks are due to Professor Boyd, to whom I am much indebted for many valuable suggestions.

E. L. S.

Oxford,
May 1945

INTRODUCTION

LESSING is generally regarded as a reformer of the German stage for two different, but not unconnected, reasons. He was the creator in Germany of the 'Bürgerliches Trauerspiel'; and he was the first important writer to voice an opposition to French tragedy and to show a preference for English drama. The connexions between these two aspects of his activity as a critic and a dramatist, are revealed in his first completed tragedy, *Miss Sara Sampson* (1755), and in his theories as he expressed them in his correspondence with Nicolai and Mendelssohn on the subject of tragedy, 1756-1757. An examination of these theories makes it clear that Lessing framed them to conform with the conception of tragedy which had guided him in the writing of *Miss Sara Sampson*. In this instance creation preceded theory. In the case of *Emilia Galotti*, however, theory came first. There are considerable differences beween Lessing's views on tragedy as he formulated them in the correspondence with Nicolai and Mendelssohn on the one hand, and in the *Hamburgische Dramaturgie* on the other. It is known that he was at work on the manuscript of *Emilia Galotti* during the years in which he wrote the *Dramaturgie* (1767-1769), but he did not complete this drama until 1772, and its final shape reveals the influence of the theories which are to be found in the second half of the *Hamburgische Dramaturgie*.

It can therefore be said that the term 'Bürgerliches Trauerspiel' does not mean the same when it is applied to *Miss Sara Sampson* and when applied to *Emilia Galotti*. The differences between these tragedies reflect the change in Lessing's dramaturgic views which took place between the years 1755 and 1772 and a knowledge of these can assist us in the understanding of the later play.

It will, however, be convenient, before this point is discussed, to recall one or two general features of Lessing's 'Bürgerliches Trauerspiel' which are common to both *Miss Sara Sampson* and to *Emilia Galotti*.

Lessing's rejection of French tragedy and his preference for English drama is often taken to mean that he believed in the greater racial affinities between the English and the German taste in letters, and indeed he has himself suggested an assessment of this kind in the 17th *Literaturbrief*. It is significant, however, that while he expressed his hostility to the dramas of Corneille and Voltaire, he did not withhold his admiration from Diderot, who was as much an inaugurator of the new type of drama in France as Lessing was in Germany, and that, while he was a constant admirer of Shakespeare, there are few traces of Shakespeare's influence in his own drama. Lessing's opposition to Corneille and Voltaire, it would seem, was not in the first place inspired by national feeling, nor was his approval of Shakespeare based on a sense of racial kinship. He does not appear to have entertained any clear notion of the connexions between national characteristics and literary taste, a question which Herder discussed with greater insight in his essay on Shakespeare (1773) written at approximately the same time as the final draft of *Emilia Galotti* and only half a decade after the *Hamburgische Dramaturgie*.

Lessing's reforms of the German theatre were rooted in his sense of values which the conduct of life among the German middle classes of his day impressed upon him. He had not, it is true, a comprehensive knowledge of the structure of society or any interest in the history of social systems, subjects with which Herder again was more familiar than Lessing. He did, clearly, possess a feeling for the social significance of dramatic literature, but he did not, in his 'Bürgerliches Trauerspiel', aim primarily at the presentation of social problems. It will be seen that ultimately his interest was in psychological, rather than purely social, conflicts, although social values have a bearing upon these conflicts, and that the resolution of these conflicts in his dramas was dominated not by the zeal to participate in the reform of material conditions of life, but exclusively by aesthetic considerations.

*   *   *

In choosing an English and an Italian setting for his two tragedies, Lessing did not pay a great deal of attention to the peculiarities of English and Italian life. He was, perhaps, ignorant alike of typically English and Italian ways of behaviour, and his sources supplied him with but a shadowy background of national life. The real theme of both tragedies is seduction, a theme which Lessing borrowed from Richardson's *Clarissa Harlowe* and its treatment in both *Miss Sara Sampson* and *Emilia Galotti* reveals considerable indebtedness to this source. The differences in treatment and the shift of emphasis from seduction to the motivation of Emilia's death in the later tragedy, mark the progress of Lessing's conception of tragedy in general and of the 'Bürgerliche Trauerspiel' in particular.

In *Miss Sara Sampson* Lessing concentrated his attention in the main on one situation, namely, the consequence of seduction and elopement. His chief object in exploiting this situation was to arouse pity, an emotion which he regarded at the time when he wrote the work, as the sole emotion excited in tragedy. In the correspondence with Nicolai and Mendelssohn he writes (November 1756): 'Ich finde keine einzige Leidenschaft, die das Trauerspiel in dem Zuschauer rege macht, als das Mitleiden.'

Accordingly, in his drama he fell short of the task traditionally assigned to the tragic poet, of arousing both pity and fear. In reading Lessing's first tragedy we find it difficult to discover where the tragic issue lies and what the forces are that will lead to a tragic catastrophe. The relations between Sara and Mellefont on the one hand and Sara and Sir William on the other are lacking in tragic power, and the appearance of Marwood is at first a confusing, rather than a clarifying, development. The climax comes as a surprise, the plot is incoherent, and it dissolves into a series of more or less loosely connected dramatic situations.

It has been shown by Brüggemann[1] that the tragic problem in *Miss Sara Sampson* arises from the passive and the subjective attitudes to life ('Gelassenheit') which is typical of the German bourgeois in the eighteenth century. The problem appears in this drama as the conflict of individual morality with conventional social values. Sara presents the case of a girl who feels herself innocent and virtuous, but whom the world must condemn as guilty. Her strongly subjective attitude is founded upon a powerful trust in Providence, so that her subjectivism is linked with a passive acceptance of her misfortune. Since the most prominent trait of Mellefont's character is his unwillingness to enter into wedlock with Sara, an unwillingness that Lessing motivated by giving Mellefont psychological as well as material

---

[1] *Lessing's Bürgerdramen und der Subjektivismus als Problem* (*Jahrb. d. Freien Deut. Hochstifts*, 1926) cf. Brüggemann's earlier essay *Die Entwicklung der Psychologie im bürgerlichen Drama Lessings und seiner Zeit* in *Euphorion*, xxvi, pp. 376 ff. and B. v. Wiese: *Lessing*, 1931, pp. 29 ff. Brüggemann and v. Wiese believe that the greater emphasis on personal enterprise in *Emilia Galotti* reflects a new attitude among the German middle classes. This view cannot be fully substantiated. The change in Lessing's conception of the scope and purpose of tragedy (cf. p. xii of this Introduction) offers a likelier reason for this difference between *Miss Sara Sampson* and *Emilia Galotti*.

reasons for delaying marriage, and since marriage is the only means by which Sara's misfortune can be remedied, a deadlock is reached which even the conciliatory attitude of Sir William cannot effectively remove. This impasse is swept away by the dramatically unsound device of basing the *dénouement* on the intervention of a third party. From the psychological point of view Marwood is the exact opposite of Sara. What Marwood considers her misfortune is caused by her equivocal position in society, and she is ready to take action, whereas Sara spurns the judgment of the world and remains passive, an easy victim for the designs of a murderess.

The *Hamburgische Dramaturgie* reveals a considerable advance on the correspondence with Nicolai and Mendelssohn, for Lessing now recognized the importance of a clearly developed tragic action, which entails the inclusion of the emotion of fear in the tragic economy.[1] In this respect *Emilia Galotti* shows Lessing's greater mastery as a dramatist. Marinelli has no counterpart in the earlier tragedy. With him present our fear for Emilia is definite and constant. Orsina is Marwood's counterpart, but her function in the drama is a very different one, and although both her rôle and the final catastrophe are surprising, they are, in accordance with the requirements of good tragedy, an integral part of the closely-knit action.[2]

In *Emilia Galotti*, too, the problem of 'Gelassenheit' is not present in the form in which it was observed for *Miss Sara Sampson*. The action as a whole does not embrace to the same extent as it does in the earlier play, the psychological reaction of

---

[1] The correlation of pity and fear which Lessing postulated in the *Hamburgische Dramaturgie* is lacking in the *Briefwechsel*. A tragic action constructed with a view to the excitement of fear as well as pity necessarily entails a more careful preparation of the catastrophe than does an action designed to arouse pity alone, since, as Aristotle states in the *Rhetoric*, fear is an emotion aroused by an *impending* evil. He defines even pity as a 'painful sensation aroused by an *imminent* evil threatening destruction and suffering' (*Rhetoric*, Bk. II., ch. 8).

[2] Some of Lessing's contemporaries felt that these requirements were not met in *Emilia Galotti*, partly, perhaps, because they failed to appreciate his novel dramatic construction. Cf. J. Mauvillon's review in *Auserlesene Bibliothek der neuesten deutschen Litteratur*, 1772: It is a 'Hauptfehler', he says, that 'der Gegenstand dessen, was man zu fürchten hat, nicht bestimmt ist. . . . Das Stück verfällt . . . in den Hauptfehler, da es sich in zwei Teile zerschneidet, da bei dem zweiten ein ganz neues und anderes Interesse anfängt. In dem neuen Stücke aber, das so zu sagen nach Appianis Mord anfängt, weiß der Leser nun gar nicht mehr, von woher er eine Katastrophe erwarten soll.'

the characters to a given situation, but from beginning to end it is shaped by the will and the desires of the characters. The construction of *Emilia Galotti* is peculiar, since, as Schmid pointed out, the action proper is distributed among all the characters, so that none is 'mit Handlung überladen'. Strictly, he says, there are no episodes in the play; even the interlude with Rota at the end of the first Act is 'eine malende Szene', revealing an important facet of the character of the Prince.[1]

The Prince, Odoardo and Emilia, Marinelli, Claudia and Orsina all attract our attention pre-eminently at different stages in the developing plot, and each of these characters initiates an action, or a series of actions, essential to the main design. It is interesting to observe how Lessing dispensed with the chronological sequence of events. He rejected the device which the younger dramatists of his day, the 'Stürmer und Dränger', employed in mistaken imitation of Shakespeare, i.e. frequent changes of scene within each act, whereby they aimed at presenting in their dramas the sequence of events as it might occur in real life. On the other hand Lessing's individual Acts, and the drama as a whole, do not possess the static quality which is so familiar a feature of French classical tragedy. There is considerable movement within each of his Acts, and yet each has its own centre of gravity. By contrast with the impressionistic method employed by the 'Stürmer und Dränger', including Goethe in *Götz von Berlichingen* and Schiller in *Die Räuber*, Lessing's technique preserves the integrity of the artistic design. Each of the Acts of *Emilia Galotti* is like a globe within an embracing sphere. Goethe, whose first reception of the play was an unfavourable one,[2] learned to appreciate the aesthetic value of Lessing's form, and adopted a similar technique in *Iphigenie auf Tauris*, like Schiller in all his mature dramas, particularly in *Maria Stuart* and *Demetrius*.[3]

*   *   *

When we compare Lessing's 'Bürgerliches Trauerspiel' with those of his predecessors in the field of the 'domestic tragedy',

[1] *Über einige Schönheiten der Emilia Galotti* (1773). Schmid also considers that *Emilia Galotti* belongs to a 'Mittelgattung zwischen dem bürgerlichen und heroischen Trauerspiel' (p. 35), a view which usefully defines an important difference between Lessing's two tragedies.
[2] Cf. Goethe's letter to Herder, July 1772.
[3] Cf. J. Boyd: Goethe's *Iphigenie auf Tauris*, a Critical Analysis, 1942, esp. pp. 13 ff. Minor and Sauer: *Studien zur Goethe Philologie*, 1880, p. 117. Gundolf: *Goethe*, 1925, pp. 125 ff.

notably with Lillo's *The London Merchant* which influenced not only Lessing, but also subsequent authors of 'Bürgerliche Trauerspiele' in Germany, one important difference may be observed. The English play was obviously written with a didactic purpose. Its 'hero' is a man who offends against the moral code and his case is intended as a warning example. Such a crudely moralizing attitude was far from Lessing's mind. In his dramas the chief characters, including Mellefont and the Prince, harbour no criminal intentions, although their conduct is blameworthy.[1]

Lessing did not eliminate crime from the economy of tragedy, but in his dramas its agents are the secondary, and not the principal, characters. He did not entirely divorce tragic necessity from evil intent in the human world, and indeed it may be asked whether it would not signify a limitation of the idea of essential tragedy, if in tragedy humanity were regarded solely as suffering under constraint. The evils which produce tragedy, Lessing felt, cannot but be caused, to a great extent, by humanity itself, and although he did not go so far as to present, as later dramatists do, the purely temporal and therefore remediable evils of the social world, tragedy is for him a matter of human weakness rather than divine indifference.[2] In each case the tragic constraint under which his principal characters suffer is due to circumstances to which they themselves contribute, but which are also beyond their control. The tragic issue itself is engineered by the minor characters, with whom the principal characters are intimately linked, but who act from evil motives entirely their own.

The roles which Lessing gave to Marwood in *Miss Sara Sampson* and to Marinelli and Orsina in *Emilia Galotti* tend to exonerate Mellefont in the one play, and the Prince in the other, of the more aggravated forms of guilt, and by this device some of our sympathy is diverted to these characters. They figure as

---

[1] Cf. Schmid, loc. cit., pp. 18 f.: '(Der Prinz) hat zugleich an unserem Mitleid und Unwillen Antheil . . . Insgemein hält man (die Wollust) auch für das verzeihlichste Laster an einem Fürsten, zumal wenn er auf eine so feine Art liebt, wie dieser Prinz.' Schmid points out that the blame does not even rest on Marinelli alone, but partly on Pirro and Angelo.

[2] It is difficult to accept the main thesis of Brüggemann's essay *Lessings Bürgerdramen und der Subjektivismus als Problem*. Brüggemann draws attention to essential aspects of Lessing's dramas which have escaped the notice of other critics, but in his attempt to fit Lessing into a preconceived historical background, he arrives at some doubtful interpretations of Lessing's dramatic work.

the principal antagonists in the tragic action, and yet, to some extent, are themselves tragic victims. Lessing purifies our moral indignation of its coarser ingredients by imposing the heaviest blame on those characters who are valueless from the human point of view and of secondary importance in the economy of the tragedy. Thereby our attitude to the protagonists of his plays—Sara in the one and Emilia and Odoardo Galotti in the other—is in a subtle manner rendered more complicated.

Lessing's theory bears out the testimony of the dramas themselves. In the *Hamburgische Dramaturgie* the whole weight of his Aristotelian conception of the purpose of tragedy was brought to bear on the rejection of Weisse's *Richard III*, whose villainous character seemed to him to obstruct the excitement as well as the purgation of pity and fear, as he desired these emotions to be understood. In this connexion Lessing distinguished between the passions which move the characters of a drama ('vorgestellte Leidenschaften') and those which the audience experiences ('erweckte Leidenschaften')[1]. The latter can only be the emotions of pity and fear, and for Lessing these are the passions which are involved in the ultimate process of tragedy, *catharsis*. He voiced his dislike of the narrowly moral interpretation of the educative function of tragedy and he thus advanced a more generous and, from the aesthetic point of view, a more acceptable explanation of Aristotle's principles, than many of his contemporaries and predecessors had done.[2]

If Lessing's interpretation of Aristotle is taken as an indication of his intentions in his own dramas, the main difference between his treatment of the 'Bürgerliches Trauerspiel' and that of succeeding dramatists becomes clear. Lessing's explanation of the nature of the tragic emotions, and of *catharsis*, rules out the use of drama as a vehicle for propaganda in social and political matters. There can be no question of such a meaning in *Miss Sara Sampson*; and whatever the controversial content of *Emilia Galotti* may be, it is inherent in the legend of Virginia, a legend, moreover,

---

[1] *Hamburgische Dramaturgie*, 'Stück' 77.
[2] Oskar Walzel has arrived at a similar conclusion in another connexion. Cf. his essay *Lessings Begriff des Tragischen* in *Vom Geistesleben alter und neuer Zeit*: 'Indem Lessing die Wirkung der Tragödie im bloßen Miterleben erkennt, nähert er sich schon einem Standpunkt, der im Reich der Kunst nur ästhetische Auswirkungen zuläßt, und setzt an, in eine Welt der Kunst hinüberzuschreiten, die nur um der Kunst willen besteht' (pp. 259 f.). Macneile Dixon (*Tragedy*, 1925, p. 114) completely misinterprets Lessing. Cf. J. G. Robertson: *Lessing's Dramatic Theory* 1939, p. 368.

which Lessing consciously deprived of its manifest political significance.[1]

At an earlier stage in his career, when he planned the tragedy of *Samuel Henzi*, Lessing had in mind a drama with a political theme. It is remarkable enough that he should have embarked on such a work at a time when German absolutism was unquestionably in the ascendant. He champions freedom and toleration in much of his later work, and it is therefore quite improbable that he abandoned the plan, and never completed a similar one, such as the projected *Das Befreite Rom* and *Spartacus*, either because he had changed his political views or because he deemed it necessary for reasons of expediency. An interesting answer to the question why he never completed *Samuel Henzi* is given by H. Rempel,[2] who considers it probable that Lessing was at first incapable of dramatizing a serious action, since he had not developed a technique adequate to tragedy, and that he attempted unsuccessfully to adapt the technique of his early comedies to this end. This explanation serves to elucidate Lessing's dramatic technique in his first 'Bürgerliches Trauerspiel', as well as the new principles which he evolved for *Emilia Galotti*. But there may be another explanation, another reason, why he abandoned the plan of *Samuel Henzi* and similar plays, a more fundamental difficulty than that of technique. In view of his theories on the nature of the tragic emotions, particularly on the interdependence of pity and fear, in view also of his deliberate exclusion of the political theme in *Emilia Galotti*, it seems probable that Lessing did not consider such a theme to be suitable for treatment in tragedy, since the passions aroused by a political action, viz. indignation and hatred, and even admiration, ultimately neutralize the truly tragic emotions of pity and fear.

*   *   *

Lessing may have been attracted by the legend of Virginia because it supplied him again with an opportunity of treating the theme of seduction. The character-study of the Prince in the first Act lends colour to this view. But Lessing's interest

[1] For the contrary view cf. W. Dilthey, *Das Erlebnis und die Dichtung*, 1929. He calls *Emilia Galotti* 'das erste echt politische Stück, das in Deutschland seit Andreas Gryphius geschrieben worden ist' (p. 76), and says: 'Das Tragische liegt in der Hilflosigkeit dieser rechtlosen Untertanen gegenüber der Selbstherrschaft' (p. 79).
[2] *Tragödie und Komödie im dramatischen Schaffen Lessings*, 1926, esp. p. 10.

appears to have shifted as he composed the play. It was indeed difficult for him to extract a new value from the well-known Roman tale, when he decided to do without the political implications of the legend. He centred the plot on the motivation of Emilia's death, but he was not radical enough in altering the original story. By retaining as the seducer a person of power and privilege, the head of the State, he inevitably created an impression which it was his avowed intention not to do. When he removed the theme of seduction from the focal point of his play, he drew attention to the irresponsibility of the Prince as a ruler rather than to his amorous inclinations. This is the impression which the drama made on a number of Lessing's contemporaries,[1] particularly the younger ones, partly no doubt because the seed of revolt had been planted in their minds. Others of his generation, however, did not read this meaning into the drama, and it is important to remember that, just as he rejected the political issue, Lessing did not intend to present a purely social problem in his play. Unlike his immediate successors in the field of the 'Bürgerliches Trauerspiel', he rejected the presentation of such problems because his views on the nature of tragedy necessitated the treatment of more enduring conflicts.[2]

Odoardo Galotti is less class-conscious than Schiller's Miller in *Kabale und Liebe*. He was not projected by Lessing as a representative of his class in a struggle against its oppressors, and indeed it is impossible to talk of the oppression of the middle-class in Lessing's work.

The logic of *Emilia Galotti* derives not from a particular social situation, but from conditions of life dramatically apprehended.

---

[1] E.g. Ramler in his review in the *Berlinische privilegirte Zeitung*, March 1772. Eschenburg, on the other hand, in the *Gnädigst privilegirte Neue Braunschweigische Zeitung*, March–April 1772, praised Lessing for avoiding the current caricature of princes (cf. J. W. Braun: *Lessing im Urtheile seiner Zeitgenossen*, 1884, Vol. I, pp. 360 ff.). Cf. also Herder's statement: 'Niemand wird unverschämt gnug seyn . . . das Stück eine Satyre auf die Prinzen zu nennen: denn nur dieser Prinz, ein Italiänischer, junger eben zu vermählender Prinz ists, der sich diese Späße giebt . . . Auch ist sein Stand, seine Würde, selbst sein persönlicher Charakter in Allem zart gehalten, und mit wahrer Freundlichkeit geschonet' (*Briefe zur Beförderung der Humanität*, Suphan, Vol. 17, p. 183).

[2] Lessing's conception and evaluation of pity bears out this point. He agrees with such thinkers as Spinoza, Mandeville, Helvetius, in emphasizing the egotistical quality of pity, whereas, for example, Shaftesbury, Hume, Adam Smith, and Rousseau stress its social values.

Lessing is a writer for whom specific situations are dramatically valuable only inasmuch as they can yield psychological reactions of universal significance. While each of the major characters in *Emilia Galotti* possesses strikingly individual qualities, these characteristics belong to these persons, not because they possessed them at some juncture in real life, but because the dramatic action in which they have their being, demands that they should have them. The fickleness of the Prince, Odoardo's stubbornness, Marinelli's unscrupulousness, Claudia's vanity, and the combination of piety, fearfulness and determination in Emilia[1] —all these attributes are convincing only within the framework of the drama, and the characters which bear them are life-like only because such are the qualities required of the persons involved in this particular tragic action.

There are many touches of realism in Lessing's work, and indeed his creation of the 'Bürgerliches Trauerspiel' in Germany was largely prompted by his desire to fortify the contacts between life and the drama. The character of his *dramatis personæ*, the reasons for which they act, and the manner in which they act, were to be as true to life as possible, and the language which they speak has the unmistakeable stamp of the vernacular and a peculiar individuality.[2] But Lessing's purpose, ultimately, was not realistic. The laws which govern the conduct of his characters, and the elaboration and resolution of the conflicts in which these characters are involved, are the laws, not of life, but of drama, of an aesthetic category.

In this connexion his views of the relation between character and situation in the drama deserve some notice. In his correspondence with Nicolai and Mendelssohn he wrote: 'Das Unglück des Helden in der Epopee muss keine Folge aus dem Charakter desselben sein. . . . Bei der Tragödie ist es das Gegenteil' (December 18th, 1756). In 'Stück' 51 of the *Hamburgische Dramaturgie*, however, he says: 'Da in der Komödie die Charaktere das Hauptwerk, die Situationen aber nur die Mittel sind, jene sich äußern zu lassen und ins Spiel zu setzen: so muß man nicht die Situationen, sondern die Charaktere in Betrachtung

[1] Lessing defended the character of Emilia in reply to certain criticisms by his brother Karl. Cf. letter of February 10th, 1772. The principle of his defence is that which is outlined in the above explanation.

[2] Cf. Schmid's commendation (loc. cit., p. 36) of Lessing's use of 'die körnigten alten deutschen Wörter' and 'Kernausdrücke'. He also says: 'Wer kann, wie Herr Lessing, so unwillkürlich willkürlich sprechen lassen?' (p. 46).

ziehen, wenn man bestimmen will, ob ein Stück Original oder Kopie genannt zu werden verdiene. Umgekehrt ist es in der Tragödie, wo die Charaktere weniger wesentlich sind und Schrecken und Mitleid vornehmlich aus den Situationen entspringt.'

This explanation is an obvious contradiction of the earlier statement, but it deals mainly with the question of originality in comedy and in tragedy, and it does not obscure Lessing's true position in his theory as well as his practice. His more considered and authoritative views on the scope and purpose of tragedy are to be found in 'Stücke' 74–79 of the *Hamburgische Dramaturgie*, and they are based on the character of Weisse's Richard III. In his own tragedies, particularly in *Emilia Galotti*, the motivating and moving forces lie in the characters, and the situations arise from the inclinations of these characters. There are no major events in *Emilia Galotti* which do not owe their existence to one or several of the characters, although the characters do not fully reveal themselves until the events have taken place.[1]

This complexity is shown by the use which Lessing makes of dialogues and monologues. He employs them equally to reveal character and to promote action. He handles the dialogues with consummate skill. They possess the quality, found only in the greatest dramas, of creating tension and directing the characters' thoughts into channels of action. Dramatic situations come into being as the dialogues proceed. The speeches of the characters are not prompted solely by ready-made, inalterable situations. The situations are in a state of constant flux; they arise and change in the course of the characters' speeches. Yet they steadily progress towards the culminating catastrophe, so that these shifting situations, taking shape in the dialogues of the dramatic persons, appear as the progressive manifestations of the character of these persons.

The monologues occur at moments in the action, when the characters are surprised by situations which they themselves or others have created.[2] The monologues thus become a means

---

[1] Cf. Kuno Fischer: *G. E. Lessing als Reformator der deutschen Literatur*, 1881, I, pp. 229 ff.

[2] Cf. Otto Ludwig: 'Wie geschickt Lessing der Notwendigkeit des Erzählens ausweicht, die Hebbel aufsucht! Wie er lieber die Umstände so rückt und erfindet, damit die Leute, was sie wissen müssen, um das Ganze der Handlung als notwendig möglich zu machen, durch Kombination erfahren' (*Shakespeare-Studien*, ed. M. Heydrich, p. 27).

by which the characters are led to discover hitherto hidden qualities and motives in themselves and in others, and to form their resolutions accordingly. Since intrigue plays such an important part in *Emilia Galotti*, these pieces of guess-work and self-analysis become a dramatic necessity. The monologues of Orsina and Odoardo in Acts IV and V are of this quality, and it is worthy of note that the monologues become increasingly important in the later parts of the drama, when the developments which have been preparing in the first three Acts stand revealed and force these characters to divine their origin, to discover their meaning, and to act in accordance with these discoveries and their own profounder inclinations.[1]

Lessing uses a style in these monologues which conforms with their function, a style designed to express nascent and growing thought. It reveals the process of thought with its abruptness and a liberal, perhaps excessive, employment of questions, exclamations, hesitations and repetitions. This is a style more suited to the actor than to the reader, for while it gives the actor his best chances, it tends to confound and thwart the reader. Lessing probably introduced this style in the draft of *Emilia Galotti* which he made in Hamburg and which, on his own testimony, he planned solely for the stage.[2] He retained it in the final version of the work, because its effect is tellingly realistic. Dramatically it is a considerable advance on the ratiocinative and discursive style of *Miss Sara Sampson*, and the excessively terse language of *Philotas*. Epigrams and the play on words continue to form an important part of Lessing's style in *Emilia Galotti*, but he uses them for the most part crisply and with dramatic economy. The admirably realistic language of *Minna von Barnhelm* is given a tragic counterpart in *Emilia Galotti*.

* * *

The sources of his realism are not easily discovered so long as we regard Lessing as essentially a representative of 'Aufklärung', a Rationalist and a Classicist. His opposition to the School of Gottsched is often considered only in terms of his profounder

[1] Cf. H. B. Garland's analysis of the play in *Lessing*, 1937, p. 137.
[2] In a letter to his brother Karl, Lessing writes on February 10th, 1772, that the Hamburg version 'nur gespielt, aber nie gedruckt werden konnte'. Cf. Jacob Mauvillon's criticism in *Auserlesene Bibliothek der neuesten deut. Litteratur*, 1772: 'Nicht alles muß abgebrochen sein, das Theater heischt zuweilen eine zusammenhängende, nicht kurze Rede.'

understanding of Greek drama, and his creation of the 'Bürgerliches Trauerspiel' in Germany merely in the light of his desire to
reform the German drama along 'national' lines. His endeavour
to hold up the mirror to human nature is an equally important
feature. A recurring aspect of his criticism in the *Hamburgische
Dramaturgie* is an insistence on the principle of probability as
regards plot, character delineation and expression. His attitude
to the Rules, particularly to the Unities, is significant. He is a
classicist in recognizing the necessity of order in the aesthetic
sphere. But he refuses to countenance a rigid insistence on
'*obiter dicta*' which are arrived at by *a priori* reasoning. It is true
that in his own practice he observes the Unity of Time, and there
may be some profound meaning in his conservatism here,
especially if it is linked up with his lack of interest in historical
truth. However, he took considerable liberties with the Unity
of Place in each of his major dramas.[1] His strictures on Voltaire
and his own handling of the change of scene point to his desire
to construct a unified yet realistic action. There is nothing
irksome in this respect in *Emilia Galotti*, and even with regard
to the Unity of Time the improbability is lessened when we
remember the characters with whom we have to deal.

The temporizing of Marinelli and the Prince in Acts III to V
can only be met by hasty, even by over-hasty, action on the part
of Emilia and Odoardo, and Emilia must die on the day on which
she was to be married. Lessing maintains the Unity of Time for
psychological and dramatic reasons, not in the interest of the
Rules for their own sake. Since the changes of situation in
Emilia Galotti are the product of human behaviour, he can retain
or modify the Unities in accordance with the requirements of his
drama. Whereas in the dramas of Lessing's predecessors time
and space remained external to the characters, in Lessing's
plays these factors exist only by virtue of the characters. Appiani

[1] Cf. the rules which Lessing states in the *Hamburgische Dramaturgie* and
which he obeys in *Emilia Galotti*: 'Es ist an der physischen Einheit der
Zeit nicht genug; es muß auch die moralische dazu kommen' ('Stück' 45).
'Der Ort, welcher zu Anfange des Aktes ist, muss durch diesen ganzen Akt
dauern' ('Stück' 44). Cf. J. G. Robertson, loc. cit., pp. 380 pass. There is realism of a kind in Gottsched's prescription that the unities should be observed
and that monologues and 'asides' should be avoided. His interest lies in the
preservation of illusion and *vraisemblance*. Lessing's realism is the profounder one of producing not the illusion, but the reflection of life in the
drama. The German naturalists of the nineteenth century combine the
efforts of Lessing and Gottsched. Their realism is 'konsequent', since they
aim at presenting the illusion of real life.

remarks with foreboding: 'Ja, wenn die Zeit nur außer uns wäre'. In _Emilia Galotti_ time and space are properties of the characters.[1] The use which Lessing makes of the Unities of Time and Place is a guide to the quality of his tragedy. It is tragedy on the human level, without projections on to a higher plane. Lessing's outlook is neither optimistic nor pessimistic; his tragedy is particular, and no generalization on the fate of mankind can be made from it. In view of the emphasis which some critics place on the philosophic nature of Lessing's tragedy, it is well to stress this point. J. Clivio says: 'Seine Vernunft lehrte ihn eine optimistische Weltbetrachtung, und es ist natürlich, daß auch dem Trauerspiel als dem „Schattenriß von dem Ganzen des ewigen Schöpfers" dieselbe Stimmung entströmt.'[2] Brüggemann asserts: 'Er hat durch den Gang der Ereignisse auch noch die Welt- und Gottesanschauung dieses Bürgertums, d.h. die letzten Prinzipien, in denen diese ganze bürgerliche Welt verankert ist, widerlegt. Zweifel an der Richtigkeit des Satzes von der besten aller Welten und der Güte der Vorsehung haben Lessing schon bei der Niederschrift der „Miss Sara Sampson" und der „Minna von Barnhelm" bewegt.'[3] Clivio's view can be substantiated in general terms from the _Hamburgische Dramaturgie_,[4] but a simple application to _Emilia Galotti_ is impracticable Brüggemann's judgment is entirely subjective, culled from his reading of the play. Against both these views it can be maintained that Lessing's drama does no more than present behaviour arising from the circumstances given in the play: it does not call for reflexion on the nature of human life, or on the ultimate meaning of human misfortunes.[5]

Philosophic explanations of Lessing's tragedy make it difficult to understand the problems of the tragic guilt and the catastrophe in _Emilia Galotti_. Ever since the publication of the work in 1772 these are the problems which have engrossed the attention of the critics, many of whom consider Lessing to

---

[1] Cf. Kuno Fischer, loc. cit. p. 257: 'Die Zeit in der Tragödie ist furchtbar, wie das Schicksal selbst, und ich kenne kein Trauerspiel, worin mir diese Furchtbarkeit so eingeleuchtet hätte, wie hier, keines worin jede Handlung und jede Unterlassung so wie hier an ihren Zeitpunkt gekettet wäre.'

[2] _Lessing und das Problem der Tragödie_, 1928, p. 157.

[3] Loc. cit., p. 106. Cf. B. v. Wiese: _Lessing_, 1931, p. 62.

[4] 'Stücke' 34 and 79.

[5] Cf. on this point for tragedy in general Macneile Dixon, loc. cit., pp. 98 f.

nave failed in his endeavour to construct a convincing plot.[1]

* * *

These problems are bound up with another question. Which of the characters must be considered the principal person of the tragedy? By the canons of Aristotelian theory the hero's guilt and his misfortune form a single entity, and Lessing never attempts to separate them. In the letter written to Mendelssohn on December 18th, 1756, he distinguishes between the epic and tragedy by emphasizing the inherent unity of tragedy: 'Der Held ist in der Epopee unglücklich, und ist auch in der Tragödie unglücklich. Aber auf die Art, wie er es in der einen ist, darf er es nie in der andern sein. Ich kann mich nicht erinnern, daß ich die Verschiedenheit dieser Arten irgendwo gehörig bestimmt gefunden hätte. Das Unglück desselben in der Epopee muß keine Folge aus dem Charakter des Helden sein, weil es sonst . . . Mitleiden erregen würde; sondern es muß ein Unglück des Verhängnisses und Zufalls sein, an welchem seine guten oder bösen Eigenschaften keinen Teil haben. Fato profugus, sagt Virgil von seinem Aeneas. Bei der Tragödie ist es das Gegenteil. . . .'

Lessing's predilection for tragedy that excites mainly pity and his view that the epic should arouse admiration—an emotion which he consistently debars from tragedy—determine his conception of the tragic hero. The hero of tragedy is for him never a person whose qualities are either entirely good or entirely bad, since such a person is not likely to arouse pity. The hero must, however, be the 'best person' of the play. 'Das Trauerspiel' says Lessing in a letter to Nicolai written in November, 1756, 'soll so viel Mitleid erwecken, als es nur immer kann: folglich müssen alle Personen, die man unglücklich werden läßt, gute Eigenschaften haben, folglich muß die beste Person auch die unglücklichste sein, und Verdienst und Unglück in beständigem Verhältnisse bleiben. Das ist, der Dichter muß keinen von allem Guten entblößten Bösewicht aufführen. Der Held oder die beste Person muß nicht, gleich einem Gotte, seine Tugenden ruhig und ungekränkt übersehen.'

The view that the hero of a tragedy is only the 'best person' is apparently entirely Lessing's own. He does not abandon it, even when, in the *Hamburgische Dramaturgie*, he places more emphasis upon the emotion of fear, and in *Emilia Galotti* it is not

---

[1] Cf. A. Wiskemann, *Die Katastrophe in Lessings Emilia Galotti*, 1883.

feasible to consider the Prince as the hero, a view which some
critics hold.[1] Even if Lessing's notion of the 'beste Person' is
regarded as of secondary importance and even if we give more
weight than he himself intended to the Prince's final words:
'Ist es, zum Unglücke so mancher, nicht genug, daß Fürsten
Menschen sind: müssen sich auch noch Teufel in ihren Freund
verstellen?' — the misfortune of the Prince is not of a kind
envisaged in Lessing's theory. He is the cause of misfortune in
others rather than in himself, and Lessing unequivocally states
that the hero must bring misfortune upon himself: 'Unterdessen
ist es doch auch wahr, daß an dem Helden eine gewisse ἁμαρτία,
ein gewisser Fehler sein muß, durch welchen er sein Unglück
über sich gebracht hat.'[2] It is contrary to the basic principles of
Lessing's tragedy to regard the family Galotti as the innocent
victims of the Prince. In his criticism of Weisse's *Richard III* he
poses an hypothesis that might be applied to *Emilia Galotti*:
'Man wird vielleicht sagen: nun wohl! wir wollen den Richard
aufgeben; das Stück heißt zwar nach ihm; aber er ist darum
nicht der Held desselben, nicht die Person, durch welche die
Absicht der Tragödie erreicht wird; er hat nur das Mittel sein
sollen, unser Mitleid für andere zu erregen' ('Stück' 79). Lessing
rejects a tragedy that aims at arousing pity of this kind: 'Was ist
es für eine fremde, herbe Empfindung, die sich in mein Mitleid
. . . mischt?' The misfortunes of the innocent, of those who do
not contribute by a fault of their own to the calamity which
overtakes them, are not in any true sense tragic.

A summary of Lessing's views on the character of the tragic
hero can be found at the end of 'Stück' 82 of the *Hamburgische
Dramaturgie*: 'Ein Mensch kann sehr gut sein und doch noch
mehr als eine Schwachheit haben, mehr als einen Fehler begehen,
wodurch er sich in unabsehliches Unglück stürzet, das uns mit
Mitleid und Wehmut erfüllet, ohne im geringsten gräßlich zu
sein, weil es die natürliche Folge seines Fehlers ist.'[3] He quotes
with approval Dubos' remarks on the use of 'personnages
scélérats' in tragedy: 'Dubos will sie nur zu den Nebenrollen
erlauben, bloss zu Werkzeugen, die Hauptpersonen weniger

[1] Cf. Julian Schmidt, *Geschichte des geistigen Lebens in Deutschland*, Vol. ii,
p. 510.
[2] Letter to Mendelssohn, December 18th, 1756.
[3] It will be noticed that Lessing uses the word 'Schwachheit' as well as
'Fehler'. A mistake is naturally for him caused by some weakness of
character.

schuldig zu machen; bloß zur Abstechung.' He concludes, however: 'Wenn ihr Unglück die Absicht der Tragödie nicht unmittelbar befördert, wenn sie bloße Hilfsmittel sind, durch die sie der Dichter desto besser mit andern Personen zu erreichen sucht: so ist es unstreitig, dass das Stück noch besser sein würde, wenn es die nämliche Wirkung ohne sie hätte.'

This judgment can be applied to *Emilia Galotti* without lessening appreciation of the drama. Marinelli and the Prince are 'Nebenpersonen', but they are not 'bloße Hilfsmittel'. They form an integral part of the plot, and without them Lessing would have had to write a drama with an entirely different 'Absicht'. Our attention is focussed not on their misfortune, but on that of the Galottis, and Lessing has deliberately introduced a flaw into the character of each member of this family.

Claudia's faults are obvious and numerous, and she is largely to blame for the omission of measures which might have been taken by Odoardo or Appiani to counteract Marinelli's scheme. In Montiano's drama Virginia is responsible for withholding information from her father, against the advice of her nurse. Lessing makes Emilia desire to inform Appiani of the scene in church, and it is for the foolish reasons which Claudia gives that she decides not to do so.

Emilia's submission to the will of her mother, a virtue which reveals the truth of Claudia's words that she is 'die furchtsamste und entschlossenste unseres Geschlechts', is a tragic mistake in the sense which Lessing gives to this term. She is thus not without her own share of responsibility, as she herself perhaps recognizes with her remark on Appiani's death: 'Und warum er tot ist!' (Act V, Sc. 7). But Lessing seems to have felt that Emilia's share of guilt here is too slender, and he therefore gives her a further weakness, the knowledge that she will not be able to resist the temptation of the Prince.[1] This revelation of her

---

[1] It is a debatable question whether Lessing intended us to believe that this weakness is inherent in Emilia's character or that it is something pertaining to normal human nature, and therefore not one of Emilia's idiosyncracies. The latter is a more probable assumption. The question also arises whether Lessing intended the manifestation of this weakness in Emilia to indicate a development in her character previously unpredictable and occasioned by her exceptional experiences. Brüggemann is of the opinion that this is the case (*Lessings Bürgerdramen*, loc. cit., esp. p. 105). Against this view it may be said that development of character is a feature unfamiliar in the drama of Lessing's generation, that nowhere in his critical writings does he envisage this possibility, and that his strict observance of the Unity of

frailty is a surprising development and its probability and significance are among the most discussed aspects of the drama. The
information which Emilia imparts to her father is certainly of the
greatest importance, as it bears so intimately on the questions of
tragic guilt and the catastrophe in the work.

Some critics[1] believe that Emilia's confession is a piece of
deception by which she hopes to induce her father to kill her.
She wishes to die not because she fears for her virtue, but because
she is overwhelmed by a sense of guilt when she thinks of
Appiani's death. She knows that her father will not kill her for
this reason, and she plays on his sense of family-honour, 'der
Ort,' as he says himself, 'wo ich am tötlichsten zu verwunden
bin'.

If this view is accepted, the question of Emilia's guilt is simpli-
fied, but only at the cost of another improbability. Emilia's
intention and ability to deceive are as unmotivated as her confession, and they are less probable. The majority of critics
therefore favour the view that her admission discloses a real
weakness. Among them, however, are some who go much
further than others in assessing its significance. They believe
that Emilia's readiness to submit to her mother's wishes is due
not only to her filial piety and her inexperience, but also to a
secret inclination towards the Prince, whom she had met at the
house of the Grimaldis. Her attitude to him in church is regarded
as explicable only if we assume that she secretly loves him, a view
which Goethe expounds with rather brutal logic.[2] This interpretation is prompted by the desire to make Emilia into a more
interesting character than she really is, and it seems to be based
on the assumption that she is the principal person of the tragedy,
the person whose guilt and misfortune are the central theme of
the piece.

There is no certain indication that, even though he placed her
first in the list of *dramatis personæ*, Lessing intended her to be the
'Hauptperson' of his drama, in the sense, at any rate, in which he
uses this term, and there is much evidence against this view.

Time makes it improbable that he had such an explanation of Emilia's
character in mind. The many critics who find her admission quite incredible
cannot concede that it might be expected from any girl placed in her peculiar
predicament.

[1] E.g. H. J. Weigand, *Warum stirbt Emilia Galotti?* (*Journal of Engl. &
Germanic Phil.* 1929) and L. Volkmann, *Die tragische Hamartia bei Lessing*
(*Festschr. z. Feier des 25jähr. Bestehens des Gymnasiums zu Jauer*, 1890).

[2] cf. Riemer, *Mitteilungen über Goethe*, II, p. 663.

In a letter to his brother Karl (February 10th, 1772) he writes: 'Weil das Stück Emilia heisst, ist es darum mein Vorsatz gewesen, Emilien zu dem hervorstechendsten, oder auch nur zu einem hervorstechenden Charakter zu machen? Ganz und gar nicht. Die Alten nannten ihre Stücke wohl nach Personen, die gar nicht aufs Theater kamen.' Furthermore, his decided view that martyrs and stoic characters are not suitable heroes of tragedies, rules out the possibility that Emilia may be the 'hervorstechendste Charakter'. Her attitude in the last scenes of the drama is that of a martyr sacrificing her life for the ideal of purity.[1]

Odoardo's predicament, however, in the closing stages of the tragedy is exactly such as Lessing envisaged, in his theoretical writings, for the hero. Whereas in Emilia's case tragic suffering is reduced by her desire to die, every turn in the subtly varied situation after Odoardo's arrival at Dosalo contributes to his suffering. He faces a situation which is beyond his control, but in which he is inextricably involved, and largely so because of his obstinate resolution to live at Sabonietta. He has a fine sense of independence, but he has also the defects of his qualities.[2] His courageous hostility to the Prince leads him to adopt an attitude of intransigeance where his own family is concerned, with the result that Marinelli meets with no obstacle in the household of the Galottis. Odoardo's suffering and his misfortune are truly tragic because they are caused by a just mixture of virtue and weakness in himself and by the evil designs of others.

Lessing may well have intended Odoardo to be the principal figure, and certainly he supplants the Prince in the later stages of the drama. The fact that he appears but fleetingly in Act II is well motivated and it forms an essential part of the tragic economy. But equally the fact that he does not occupy a dominating position in the play until we reach the fourth Act, makes it impossible to consider him the central figure of the whole drama. Unless we believe that this is a tragedy without a hero, such as Schiller wrote in *Wilhelm Tell* and Hauptmann in *Die Weber*, we can only conclude that Lessing desires us to take Emilia and Odoardo together and to regard them as the hero and the heroine not separately, but in conjunction. His formulation of the theme of *Emilia Galotti* in his letter to Nicolai (January 21st, 1758) makes this a probable conclusion: 'Er hat geglaubt, dass das Schicksal einer Tochter, die von ihrem Vater umge-

---

[1] Cf. v Wiese, loc. cit., p. 61.   [2] Cf. H. J. Weigand, loc. cit.

bracht wird, dem ihre Tugend werter ist als ihr Leben, für sich
tragisch genug und fähig genug sei, die ganze Seele zu erschüttern,
wenn auch gleich kein Umsturz der ganzen Staatsverfassung
darauf folgte.' He has written a drama that may be compared
with *Romeo and Juliet*, in which the fortunes not of a single
person, but of two human beings conjointly, linked together by
bonds of closest relationship, form the focal point of interest.

*   *   *

The improbability of the catastrophe in *Emilia Galotti*
diminishes for us if we keep in mind Lessing's view of the
dramatic value inherent in the Virginia legend. When he decided
to modernize the legend, 'das Schicksal einer Tochter, die von
ihrem Vater umgebracht wird' presented him with the greatest
difficulties. The symbolic importance of the legend makes
Virginia's death an acceptable one. Under different circumstances, in another setting, a daughter's death at the hands of her
father is, for whatever reasons the deed is done, monstrous and
improbable. Has Lessing entirely succeeded in eliminating from
Emilia's death 'das Gräßliche' which, with all his scorn for
'falsche Delikatesse', he so carefully repudiates in the *Hamburgische Dramaturgie* no less than in *Laokoon*?[1]
Here is a difficulty which has always proved an obstacle in
the enjoyment of this tragedy. The problem of the 'Vergnügen
an tragischen Gegenständen' is in itself a difficult one, and
Lessing appears to have added considerably to the difficulty in
Emilia Galotti. Yet his view of the nature of tragic pleasure is
not inconsistent with the final development in his drama. He
did not consider Emilia's death to come within the scope of 'das
Gräßliche'.[2] 'Das Gräßliche' he says in 'Stück' 82 of the *Hamburgische Dramaturgie* 'liegt nicht in dem Unwillen oder Abscheu,
den (die Charaktere) erwecken: sondern in dem Unglücke selbst,
das jene unverschuldet trifft . . . Der Gedanke ist an und für sich
selbst gräßlich, dass es Menschen geben kann, die ohne alle ihr
Verschulden unglücklich sind'. We have seen that Lessing ex-
pended much care to avoid this contingency. Tragic pleasure
does not arise for him, as it does for Schiller, out of the display

[1] Cf. *Laokoon*, IV.
[2] Lessing's conception of the gruesome and the terrible differs from that of
Aristotle who, in the *Rhetoric* (II, chp. 8, § 12) says that the suffering of
acquaintances arouses our pity, whereas that of near relations is terrible
for us.

of 'moralische Independenz von Naturgesetzen'.[1] Lessing mentions two different reasons why we take pleasure in tragedy, both of which have a bearing upon the catastrophe in *Emilia Galotti*. In his letter to Nicolai in November 1756 he says: 'Beider Nutzen, des Trauerspiels sowohl als des Lustspiels, ist von dem Vergnügen unzertrennlich; denn die ganze Hälfte des Mitleids und des Lachens ist Vergnügen'. A spectacle which arouses our pity, as does the death of Emilia, gives us pleasure by virtue of the fact that it arouses our pity.

In the *Hamburgische Dramaturgie* he gives another reason: 'Wir lieben das Zweckmässige so sehr, dass es uns, auch unabhängig von der Moralität des Zweckes, Vergnügen gewährt' ('Stück' 79). For Lessing an action is probable if it is based not on fact, but on reason. 'Zufällige Geschichtswahrheiten', he says in *Über den Beweis des Geistes und der Kraft*, 'können der Beweis von notwendigen Vernunftswahrheiten nie werden.' We take pleasure in knowing not *that* a thing has happened, but *how* and *why* it has occurred: 'Das Genie können nur Begebenheiten beschäftigen, die ineinander gegründet sind, nur Ketten von Ursachen und Wirkungen' (*Hamburgische Dramaturgie*, 'Stück' 30). All Lessing's statements concerning the use in tragedy of facts, whether they are documented in history or observed from life, reveal his point of view: the facts themselves are of little interest to the dramatist. As facts they have no value. They become valuable only when they form part of a chain of cause and effect, which, as we have seen, meant for Lessing that they can be explained in terms of human behaviour. It is therefore not proper to ask: Is it likely that a father will kill his daughter merely because she is in danger of losing her virtue and is it right that he should kill her for this reason? The only legitimate question can be: Why does the daughter's death *in this particular instance* become necessary, and how is the father's decision made to kill her? The particular character of the persons engaged in an action, and the peculiar circumstances in which they act, must necessarily be taken into account in assessing their deeds. Lessing's principle of motivation is less empirical and more general than that with which we are accustomed to approach a dramatic work: 'Auf dem Theater sollen wir nicht lernen, was dieser oder jener einzelne Mensch

---

[1] *Über das Pathetische*. But cf. Schillers' agreement with Lessing in his earlier essay *Über den Grand des Vernügens an tragischen Gegenständen*: 'Zweckmässigkeit gewährt uns unter allen Umständen Vergnügen, sie beziehe sich entweder gar nicht auf das Sittliche, oder sie widerstreite demselben.'

getan hat, sondern was ein jeder Mensch von einem gewissen
Charakter unter gewissen gegebenen Umständen tun werde'
(*Hamburgische Dramaturgie*, 'Stück' 19). It is with this principle
in mind that we must consider the plausibility of Emilia's death.

The motivation of Emilia's death is Lessing's most original
contribution to the many dramatizations of the Virginia legend.
In many points he was indebted to the dramas of Montiano,
Campistron and Crisp,[1] but his borrowings are of minor importance. His originality in the treatment of the legend shows itself
when he decides first, to dispense with the political ending,
secondly to modernize the legend, since a Roman Virginia
without the institution of the Republican regime would have
disappointed natural expectations, and thirdly to treat as the
central interest of the drama not Emilia's seduction, but her death.

Two statements, one by Lessing and the other by his friend
Nicolai, reveal that his ultimate concern was to centre the whole
drama upon the motivation of Emilia's death. According to
Lessing[2] his conception of the Prince's character dates from a time
when he was not certain in his mind what role he would assign
to him at the tragic catastrophe. The clearest indication of the
Prince's character is of course given in the masterly exposition.
These scenes of Act I, it is widely held, notably by Kettner,[3]
were written at a fairly late date, since they reveal the influence
of Leibniz' *Nouveaux Essais sur l'entendement humain*, which
appeared in 1765. For the psychology of Lessing's characters
in the last three Acts, Leibniz' theory of the unconscious may
well be an illuminating source. But the presence of the painter
Conti in Act I and the discussion which he has with the Prince
make it more likely that this Act was written at a date nearer the
composition of *Laokoon*, i.e. before 1765.[4] Kettner acknow-
ledges the fact that the Prince occupies a much less important
position in the last Acts of the play than he had done in the first:
'Nur noch in der ersten Hälfte des III. Aktes spielt er, wenn auch
bereits wesentlich matter, seine Rolle weiter. Dann steigt er
vom Protagonisten zum Tritagonisten herab.' But this view is

---

[1] Cf. G. Kettner: *Lessings Dramen im Lichte ihrer und unserer Zeit*, 1904,
pp. 183 ff. L. Volkmann: *Zu den Quellen der Emilia Galotti*, 1888.

[2] In a letter to his brother Karl, April 22nd, 1772.

[3] Loc. cit., pp. 220 ff., pp. 294 f.

[4] Cf. Petsch's criticism of Kettner's views in *Zs. für deut. Unterricht*, Vol. 26
1912), pp. 529 ff. There is some evidence for believing that chapters 1-3
of *Laokoon* were written or at least planned before 1764. Cf. *Lessing's Laokoon*,
ed. Hugo Blümer, esp. p. 100.

based on the assumption that the first Act was composed at a later date than the succeeding ones. It is much more likely that the reverse is the case, since Lessing's intentions in the completed drama become clearer, if the remark in his letter to his brother is taken, not as Kettner takes it, but literally as meaning that the prominent position of the Prince in Act I indicates an alternative plan of the whole drama.

Nicolai reports that he had seen an earlier draft of *Emilia Galotti* and 'nach demselben war die Rolle der Orsina nicht vorhanden, wenigstens nicht auf die jetzige Art'.[1] In the present drama Orsina's tempestuous appearance at Dosalo is well motivated and her dominating presence there is of great significance. She is the person who can best inform Odoardo of the true state of affairs. She has the keen power, sharpened by her hatred, to piece the facts together, with some of which her spies have acquainted her, and others of which she gleans from Odoardo himself. She is the foil of Marinelli, and she alone can urge Odoardo to take revenge upon the Prince. When she gives him the dagger she hopes that her revenge will be encompassed in that of Odoardo. She fails in her main purpose because Odoardo's scruples prevent him from confounding two different principles of revenge: 'Was hat die gekränkte Tugend mit der Rache des Lasters zu schaffen?' Revenge for Orsina cannot be the same as revenge for Emilia, and Odoardo refuses to kill the Prince at the behest of Orsina. When he learns from Marinelli that Emilia is to be kept in custody, he is again on the point of stabbing the Prince, but this time the latter's kind words to him make him change his mind once more. In the short scene which follows, the suspicions of Emilia's complicity, which Orsina had sown in his mind, begin to have their effect, and he conceives the terrible thought of killing her, but again he shrinks from executing his plan and he is on the verge of abandoning her, when she appears and quickly proves by her words that she is innocent. Now she urges him to kill her, and, driven by her taunts and acting upon a sudden impulse, he stabs her, rather than have her commit suicide.[2]

[1] On this question, cf. Bulthaupt: *Drama der Klassiker*; Schmidt in *Anzeiger für deut. Altertum und deut. Literatur*, IX, p. 64; and R. M. Werner: *Emilia Galotti*, 1882.
[2] Cf. v. Wiese's analysis, loc. cit., pp. 54 ff. It is often asked why Lessing did not conclude his drama with Emilia's suicide, rather than with her death at the hands of Odoardo. In effect, it is said, she does take her own life.

Lessing motivates the death of Emilia by the ingenious method of opening other possibilities of a solution, only to close them, and thus, caught inexorably in a chain of cause and effect, Odoardo is forced to commit a deed which he, being the man he is, cannot but perform. Even then it is not an act calmly executed, but of impulsive suddenness.[2]

With his keen sense of dramatic values, Lessing eschewed, before the final curtain, anything resembling a 'coup de theatre'. He knew that in the hands of great actors the death of Emilia could become convincing and could possess the force of tragic inevitability. We must judge the catastrophe at its highest potentialities on the stage, and not as it would emerge under ordinary circumstances of production.

*   *   *

When we liken Lessing's *Emilia Galotti* to *Romeo and Juliet*, we can discover another point of resemblance in the frequent use of coincidences which determine the course of the tragic action.[3]

Why did Lessing allow the semblance, if he rejected the reality? The answer may be found in the above discussion on the identity of the principal person of the tragedy. If Emilia is a principal person, then her suicide is out of place. Since Lessing altered the Virginia legend in some of its most material aspects, he might have found it advisable to change Emilia's mode of death, if he had thought it essential in the interests of his drama. But for him death by suicide conflicted with his conception of the essential tragic catastrophe. Suicide belonged to heroic tragedy, and he allowed it only for a character of secondary importance, like Mellefont, and for the very special case of Philotas, who is indeed a singular hero in the body of Lessing's dramas, but who arouses as much pity as he does admiration. Lessing had a particularly strong antipathy towards heroic women-characters: 'Die jungfräulichen Heroinen und Philosophinnen sind gar nicht nach meinem Geschmacke' (Letter to Karl Lessing, February 10th, 1772). In this connexion it is pertinent to remember Lessing's projected tragedy *Das befreite Rom*, a dramatization of the story of Lucretia. In Lessing's draft Lucretia commits suicide at the end of Act I. He probably abandoned the plan for two reasons: (1) The remainder of the drama would have entailed the treatment of the political consequences of her death, which, as in *Emilia Galotti*, he felt to be inconsistent with the aims of tragedy; (2) The heroic death of Lucretia was distasteful to him, even though it occurred at so early a stage in the dramatic action (cf. P. P. Kies: *Lessing and Lee, Journal of English and Germanic Philology*, 1929).
    [2] Cf. Herder: 'Ihr Tod ist lehrreich-schrecklich, ohne aber daß dadurch die Handlung des Vaters zum absoluten Muster der Besonnenheit werde. Nichts weniger! Der Alte hat eben so wohl, als das erschrockene Mädchen in der betäubenden Hofluft den Kopf verlohren; und eben diese Verwirrung, die Gefahr solcher Charaktere in solcher Nähe wollte der Dichter schildern' (Suphan 17, p. 186).
    [3] Cf. G. Kettner, loc. cit., pp. 230 ff.

'Der Dichter betet den Zufall an', says Novalis, and Orsina exclaims: 'Das Wort Zufall ist Gotteslästerung.' Lessing had a profound sense of the providential ordering of human life, as his essays on religion, notably *Die Erziehung des Menschengeschlechts*, show. But we must distinguish between his views on the life of mankind and on that of individual man. He sympathized with the Pietists, but he rejected their claim of a particular guidance by Providence, as the opening scenes of *Nathan der Weise* clearly prove. In the sphere of drama he did not accept motivations based on grounds other than those in accordance with human, as distinct from supernatural, causation.

When we examine the coincidences that occur in *Emilia Galotti*, we shall see that they are, for the greatest part, not irrational events, such as those which the Romantics revered. Every item in the chain of coincidences after the arrival of Conti with the portraits on the day of Emilia's betrothal, can be explained in terms of human behaviour. Moreover, only in the first two Acts, which deal with the exposition, do these coincidences occur. When the real problem of the tragedy is developed and solved, in the last three Acts, Lessing entirely dispenses with this device. We have in this another proof of the human character of Lessing's drama.

The age in which Lessing lived showed a pronounced dislike for metaphysical thought. In the sphere of theology Lessing was one of those who began to overcome this antagonism by returning to, and enlarging upon, Leibniz' views on God. In other respects he retained the concept of 'Weltbürgertum' in the profounder meaning of this eighteenth century ideal. He excluded the transcendental world from the sphere of drama, although he demanded that the world of a tragedy should be a symbol of the universe. In his own dramatic work he reduced to ordinary human levels actions and events which in the course of time had been endowed with legendary and symbolical significance. Thus he deprived the legend of Faust of that content which Marlowe had seized upon and which Goethe was to expand. The generation of poets who succeeded Lessing endeavoured to raise human life to higher levels and to view it against a background of transcendent glory. Goethe makes Werther endow even trivial occurrences with significance by associating them with legendary events. He reverses the procedure of Lessing who, in *Emilia Galotti*, presents human weakness and misfortune without attempting to heighten them.

ERSTER AUFZUG

DIE SZENE: EIN KABINETT DES PRINZEN

1. AUFTRITT

DER PRINZ. KAMMERDIENER DES PRINZEN

DER PRINZ (an einem Arbeitstische voller Briefschaften und Papiere, deren einige er durchläuft). Klagen, nichts als Klagen! Bittschriften, nichts als Bittschriften! — Die traurigen Geschäfte; und man beneidet uns noch! — Das glaub'
5 ich; wenn wir allen helfen könnten, dann wären wir zu beneiden. — Emilia? (Indem er noch eine von den Bittschriften aufschlägt und nach dem unterschriebenen Namen sieht.) Eine Emila? — Aber eine Emilia Bruneschi — nicht Galotti. Nicht Emilia Galotti! — Was will sie, diese Emilia
10 Bruneschi? (Er liest.) Viel gefordert, sehr viel. — Doch sie heißt Emilia. Gewährt! (Er unterschreibt und klingelt, worauf ein Kammerdiener hereintritt.) Es ist wohl noch keiner von den Räten in dem Vorzimmer?

DER KAMMERDIENER. Nein.

15 DER PRINZ. Ich habe zu früh Tag gemacht. — Der Morgen ist so schön. Ich will ausfahren. Marchese Marinelli soll mich begleiten. Laßt ihn rufen. (Der Kammerdiener geht ab.) — Ich kann doch nicht mehr arbeiten. — Ich war so ruhig, bild' ich mir ein, so ruhig — auf einmal
20 muß eine arme Bruneschi Emilia heißen; weg ist meine Ruhe und alles!

DER KAMMERDIENER (welcher wieder hereintritt). Nach dem Marchese ist geschickt. Und hier, ein Brief von der Gräfin Orsina.

25 DER PRINZ. Der Orsina? Legt ihn hin.

DER KAMMERDIENER. Ihr Läufer wartet.

DER PRINZ. Ich will die Antwort senden, wenn es einer bedarf. — Wo ist sie? In der Stadt? oder auf ihrer Villa?

DER KAMMERDIENER. Sie ist gestern in die Stadt ge-
30 kommen.

DER PRINZ. Desto schlimmer — besser, wollt' ich sagen. So braucht der Läufer umso weniger zu warten. (Der Kammerdiener geht ab.) Meine teure Gräfin! (Bitter, nidem er den Brief in die Hand nimmt) So gut als gelesen!

1

(und ihn wieder wegwirft.) — Nun ja; ich habe sie zu lieben geglaubt! Was glaubt man nicht alles! Kann sein, ich habe sie auch wirklich geliebt. Aber — ich habe!

DER KAMMERDIENER (der nochmals hereintritt). Der
5   Maler Conti will die Gnade haben —

DER PRINZ. Conti? Recht wohl; laßt ihn hereinkommen. — Das wird mir andere Gedanken in den Kopf bringen. (Steht auf.)

2. AUFTRITT

CONTI. DER PRINZ

DER PRINZ. Guten Morgen, Conti. Wie leben Sie?
10 Was macht die Kunst?

CONTI. Prinz, die Kunst geht nach Brot.

DER PRINZ. Das muß sie nicht; das soll sie nicht, in meinem kleinen Gebiete gewiß nicht. — Aber der Künstler muß auch arbeiten wollen.

15 CONTI. Arbeiten? Das ist seine Lust. Nur zu viel arbeiten müssen, kann ihn um den Namen Künstler bringen.

DER PRINZ. Ich meine nicht vieles, sondern viel: ein weniges, aber mit Fleiß. — Sie kommen doch nicht leer, Conti?

20 CONTI. Ich bringe das Porträt, welches Sie mir befohlen haben, gnädiger Herr. Und bringe noch eines, welches Sie mir nicht befohlen; aber weil es gesehen zu werden verdient —

DER PRINZ. Jenes ist? — Kann ich mich doch kaum
25 erinnern —

CONTI. Die Gräfin Orsina.

DER PRINZ. Wahr! — Der Auftrag ist nur ein wenig von lange her.

CONTI. Unsere schönen Damen sind nicht alle Tage zum
30 Malen. Die Gräfin hat seit drei Monaten gerade einmal sich entschließen können, zu sitzen.

DER PRINZ. Wo sind die Stücke?

CONTI. In dem Vorzimmer: ich hole sie.

3. AUFTRITT

DER PRINZ. Ihr Bild! — mag! — Ihr Bild ist sie doch
35 nicht selber. — Und vielleicht find' ich in dem Bilde wieder, was ich in der Person nicht mehr erblicke. — Ich will es aber nicht wiederfinden. — Der beschwerliche Maler! Ich

glaube gar, sie hat ihn bestochen. — Wär' es auch! Wenn
ihr ein anderes Bild, das mit andern Farben, auf einen andern
Grund gemalt ist, in meinem Herzen wieder Platz machen
will: — wahrlich, ich glaube, ich wär' es zufrieden. Als ich
5 dort liebte, war ich immer so leicht, so fröhlich, so aus-
gelassen. — Nun bin ich von allem das Gegenteil. — Doch
nein; nein, nein! Behaglicher oder nicht behaglicher; ich
bin so besser.

4. AUFTRITT

DER PRINZ. CONTI mit den Gemälden, wovon er das eine verwandt gegen
einen Stuhl lehnt

CONTI (indem er das andere zurechtstellt). Ich bitte,
10 Prinz, daß Sie die Schranken unserer Kunst erwägen wollen.
Vieles von dem Anzüglichsten der Schönheit liegt ganz
außer den Grenzen derselben. — Treten Sie so!

DER PRINZ (nach einer kurzen Betrachtung). Vortrefflich,
Conti; — ganz vortrefflich! — Das gilt Ihrer Kunst, Ihrem
15 Pinsel. — Aber geschmeichelt, Conti; ganz unendlich geschmeichelt!

CONTI. Das Original schien dieser Meinung nicht zu sein.
Auch ist es in der Tat nicht mehr geschmeichelt, als die
Kunst schmeicheln muß. Die Kunst muß malen, wie sich
20 die plastische Natur — wenn es eine gibt — das Bild dachte:
ohne den Abfall, welchen der widerstrebende Stoff unvermeidlich macht; ohne das Verderb, mit welchem die Zeit
dagegen ankämpft.

DER PRINZ. Der denkende Künstler ist noch eins so viel
25 wert. — Aber das Original, sagen Sie, fand demungeachtet—

CONTI. Verzeihen Sie, Prinz. Das Original ist eine
Person, die meine Ehrerbietung fordert. Ich habe nichts
Nachteiliges von ihr äußern wollen.

DER PRINZ. So viel, als Ihnen beliebt! — Und was sagte
30 das Original?

CONTI. Ich bin zufrieden, sagte die Gräfin, wenn ich nicht
häßlicher aussehe.

DER PRINZ. Nicht häßlicher? — O das wahre Original!

CONTI. Und mit einer Miene sagte sie das, von der freilich
35 dieses ihr Bild keine Spur, keinen Verdacht zeigt.

DER PRINZ. Das meint' ich ja; das ist es eben, worin ich
die unendliche Schmeichelei finde. — O! ich kenne sie, jene
stolze höhnische Miene, die auch das Gesicht einer Grazie

entstellen würde! — Ich leugne nicht, daß ein schöner
Mund, der sich ein wenig spöttisch verzieht, nicht selten um
so viel schöner ist. Aber wohl gemerkt, ein wenig: die
Verziehung muß nicht bis zur Grimasse gehen, wie bei dieser
5 Gräfin. Und Augen müssen über den wollüstigen Spötter
die Aufsicht führen, Augen, wie sie die gute Gräfin nun
gerade gar nicht hat. Auch nicht einmal hier im Bilde hat.
    CONTI. Gnädiger Herr, ich bin äußerst betroffen —
    DER PRINZ. Und worüber? Alles, was die Kunst aus den
10 großen, hervorragenden, stieren, starren Medusenaugen der
Gräfin Gutes machen kann, das haben Sie, Conti, redlich
daraus gemacht. — Redlich, sag' ich? — Nicht so redlich
wäre redlicher. Denn, sagen Sie selbst, Conti, läßt sich aus
diesem Bilde wohl der Charakter der Person schließen? Und
15 das sollte doch. Stolz haben Sie in Würde, Hohn in Lächeln,
Ansatz zu trübsinniger Schwärmerei in sanfte Schwermut
verwandelt.
    CONTI (etwas ärgerlich). Ah, mein Prinz, wir Maler
rechnen darauf, daß das fertige Bild den Liebhaber noch
20 ebenso warm findet, als warm er es bestellte. Wir malen mit
Augen der Liebe: und Augen der Liebe müßten uns auch
nur beurteilen.
    DER PRINZ. Je nun, Conti; warum kamen Sie nicht einen
Monat früher damit? — Setzen Sie weg. — Was ist das andere
25 Stück?
    CONTI (indem er es holt und noch verkehrt in der Hand
hält). Auch ein weibliches Porträt.
    DER PRINZ. So möcht' ich es bald — lieber gar nicht
sehen. Denn dem Ideal hier (mit dem Finger auf die Stirne)
30 —oder vielmehr hier (mit dem Finger auf das Herz)
kommt es doch nicht bei. — Ich wünschte, Conti, Ihre
Kunst in andern Vorwürfen zu bewundern.
    CONTI. Eine bewundernswürdigere Kunst gibt es, aber
sicherlich keinen bewundernswürdigern Gegenstand als
35 diesen.
    DER PRINZ. So wett' ich, Conti, daß es des Künstlers
eigene Gebieterin ist. — (Indem der Maler das Bild um-
wendet.) Was seh' ich? Ihr Werk, Conti? oder das Werk
meiner Phantasie? — Emilia Galotti!
40   CONTI. Wie, mein Prinz? Sie kennen diesen Engel?
    DER PRINZ (indem er sich zu fassen sucht, aber ohne ein
Auge von dem Bilde zu verwenden). So halb! — um sie

eben wiederzukennen — Es ist einige Wochen her, als ich sie
mit ihrer Mutter in einer Vegghia traf. — Nachher ist sie
mir nur an heiligen Stätten wieder vorgekommen, wo das
Angaffen sich weniger ziemt. — Auch kenn' ich ihren Vater.
Er ist mein Freund nicht. Er war es, der sich meinen
Ansprüchen auf Sabionetta am meisten widersetzte. — Ein
alter Degen, stolz und rauh, sonst bieder und gut!

CONTI. Der Vater! Aber hier haben wir seine Tochter. —

DER PRINZ. Bei Gott! wie aus dem Spiegel gestohlen!
(Noch immer die Augen auf das Bild geheftet.) O, Sie
wissen es ja wohl, Conti, daß man den Künstler dann erst
recht lobt, wenn man über sein Werk sein Lob vergißt.

CONTI. Gleichwohl hat mich dieses noch sehr unzufrieden
mit mir gelassen. — Und doch bin ich wiederum sehr zufrieden mit meiner Unzufriedenheit mit mir selbst. — Ha! daß
wir nicht unmittelbar mit den Augen malen! Auf dem
langen Wege, aus dem Auge durch den Arm in den Pinsel,
wie viel geht da verloren! — Aber, wie ich sage, daß ich
es weiß, was hier verloren gegangen, und wie es verloren
gegangen, und warum es verloren gehen müssen: darauf bin
ich ebenso stolz und stolzer, als ich auf alles das bin, was
ich nicht verloren gehen lassen. Denn aus jenem erkenne
ich, mehr als aus diesem, daß ich wirklich ein großer Maler
bin, daß es aber meine Hand nur nicht immer ist. — Oder
meinen Sie, Prinz, daß Raffael nicht das größte, malerische
Genie gewesen wäre, wenn er unglücklicherweise ohne
Hände wäre geboren worden? Meinen Sie, Prinz?

DER PRINZ (indem er nur eben von dem Bilde wegblickt).
Was sagen Sie, Conti? Was wollen Sie wissen?

CONTI. O nichts, nichts! — Plauderei! Ihre Seele, merk'
ich, war ganz in Ihren Augen. Ich liebe solche Seelen und
solche Augen.

DER PRINZ (mit einer erzwungenen Kälte). Also, Conti,
rechnen Sie doch wirklich Emilia Galotti mit zu den vorzüglichsten Schönheiten unsrer Stadt?

CONTI. Also? mit? mit zu den vorzüglichsten? und den
vorzüglichsten unsrer Stadt? — Sie spotten meiner, Prinz.
Oder Sie sahen die ganze Zeit ebensowenig, als Sie hörten.

DER PRINZ. Lieber Conti, — (die Augen wieder auf das
Bild gerichtet) wie darf unsereiner seinen Augen trauen?
Eigentlich weiß doch nur allein ein Maler von der Schönheit
zu urteilen.

CONTI. Und eines jeden Empfindung sollte erst auf den Ausspruch eines Malers warten? — Ins Kloster mit dem, der es von uns lernen will, was schön ist! Aber das muß ich Ihnen doch als Maler sagen, mein Prinz: eine von den größten Glückseligkeiten meines Lebens ist es, daß Emilia Galotti mir gesessen. Dieser Kopf, dieses Antlitz, diese Stirne, diese Augen, diese Nase, dieser Mund, dieses Kinn, dieser Hals, diese Brust, dieser Wuchs, dieser ganze Bau sind von der Zeit an mein einziges Studium der weiblichen Schönheit. — Die Schilderei selbst, wovor sie gesessen, hat ihr abwesender Vater bekommen. Aber diese Kopie —

DER PRINZ (der sich schnell gegen ihn kehrt). Nun, Conti? ist doch nicht schon versagt?

CONTI. Ist für Sie, Prinz, wenn Sie Geschmack daran finden.

DER PRINZ. Geschmack!—(lächelnd) Dieses Ihr Studium der weiblichen Schönheit, Conti, wie könnt' ich besser tun, als es auch zu dem meinigen zu machen? — Dort, jenes Porträt nehmen Sie nur wieder mit, — einen Rahmen darum zu bestellen.

CONTI. Wohl!

DER PRINZ. So schön, so reich, als ihn der Schnitzer nur machen kann. Es soll in der Galerie aufgestellt werden. — Aber dieses — bleibt hier. Mit einem Studio macht man so viel Umstände nicht; auch läßt man das nicht aufhängen, sondern hat es gern bei der Hand. — Ich danke Ihnen, Conti; ich danke Ihnen recht sehr. — Und wie gesagt: in meinem Gebiete soll die Kunst nicht nach Brot gehen, — bis ich selbst keines habe. — Schicken Sie, Conti, zu meinem Schatzmeister und lassen Sie auf Ihre Quittung für beide Porträte sich bezahlen,—was Sie wollen. So viel Sie wollen, Conti.

CONTI. Sollte ich doch nun bald fürchten, Prinz, daß Sie so noch etwas anderes belohnen wollen, als die Kunst.

DER PRINZ. O des eifersüchtigen Künstlers! Nicht doch! Hören Sie, Conti, soviel Sie wollen. (Conti geht ab.)

5. AUFTRITT

DER PRINZ. So viel er will! — (Gegen das Bild.) Dich hab' ich für jeden Preis noch zu wohlfeil. — Ah! schönes Werk der Kunst, ist es wahr, daß ich dich besitze? — Wer

dich auch besäße, schöneres Meisterstück der Natur! — Was
Sie dafür wollen, ehrliche Mutter! Was du willst, alter
Murrkopf! Fordre nur! Fordert nur! — Am liebsten kauft'
ich dich, Zauberin, von dir selbst! — Dieses Auge, voll
5 Liebreiz und Bescheidenheit! Dieser Mund! — und wenn
er sich zum Reden öffnet! wenn er lächelt! Dieser Mund!
— Ich höre kommen. — Noch bin ich mit dir zu neidisch.
(Indem er das Bild gegen die Wand dreht.) Es wird
Marinelli sein. Hätt' ich ihn doch nicht rufen lassen! Was
10 für einen Morgen könnt' ich haben!

6. AUFTRITT

MARINELLI. DER PRINZ

MARINELLI. Gnädiger Herr, Sie werden verzeihen. —
Ich war mir eines so frühen Befehls nicht gewärtig.

DER PRINZ. Ich bekam Lust, auszufahren. Der Morgen
war so schön. — Aber nun ist er ja wohl verstrichen, und
15 die Lust ist mir vergangen. — (Nach einem kurzen Stillschweigen.) Was haben wir Neues, Marinelli?

MARINELLI. Nichts von Belang, das ich wüßte. — Die
Gräfin Orsina ist gestern zur Stadt gekommen.

DER PRINZ. Hier liegt auch schon ihr guter Morgen.
20 (Auf ihren Brief zeigend.) Oder was es sonst sein mag!
Ich bin gar nicht neugierig darauf. — Sie haben sie gesprochen?

MARINELLI. Bin ich leider nicht ihr Vertrauter? — Aber
wenn ich es wieder von einer Dame werde, der es ein-
25 kommt, Sie in gutem Ernste zu lieben, Prinz, so —

DER PRINZ. Nichts verschworen, Marinelli!

MARINELLI. Ja? In der Tat, Prinz? Könnt' es doch
kommen? — O! so mag die Gräfin auch so unrecht nicht
haben.

30 DER PRINZ. Allerdings, sehr unrecht! Meine nahe Vermählung mit der Prinzessin von Massa will durchaus, daß
ich alle dergleichen Händel vors erste abbreche.

MARINELLI. Wenn es nur das wäre, so müßte freilich
Orsina sich in ihr Schicksal ebensowohl zu finden wissen,
35 als der Prinz in seines.

DER PRINZ. Das unstreitig härter ist als ihres. Mein
Herz wird das Opfer eines elenden Staatsinteresse. Ihres

darf sie nur zurücknehmen, aber nicht wider Willen ver-
schenken.

MARINELLI. Zurücknehmen? Warum zurücknehmen?
fragt die Gräfin: wenn es weiter nichts als eine Gemahlin
ist, die dem Prinzen nicht die Liebe, sondern die Politik
zuführt? Neben so einer Gemahlin sieht die Geliebte noch
immer ihren Platz. Nicht so einer Gemahlin fürchtet sie aufgeopfert zu sein, sondern —

DER PRINZ. Einer neuen Geliebten. — Nun denn?
Wollten Sie mir daraus ein Verbrechen machen, Marinelli?

MARINELLI. Ich? — O! vermengen Sie mich ja nicht,
mein Prinz, mit der Närrin, deren Wort ich führe, aus
Mitleid führe. Denn gestern, wahrlich, hat sie mich son-
derbar gerührt. Sie wollte von ihrer Angelegenheit mit
Ihnen gar nicht sprechen. Sie wollte sich ganz gelassen und
kalt stellen. Aber mitten in dem gleichgültigsten Gespräche
entfuhr ihr eine Wendung, eine Beziehung über die andere,
die ihr gefoltertes Herz verriet. Mit dem lustigsten Wesen
sagte sie die melancholischsten Dinge, und wiederum die
lächerlichsten Possen mit der allertraurigsten Miene. Sie hat
zu den Büchern ihre Zuflucht genommen, und ich fürchte,
die werden ihr den Rest geben.

DER PRINZ. So wie sie ihrem armen Verstande auch den
ersten Stoß gegeben. — Aber was mich vornehmlich mit von
ihr entfernt hat, das wollen Sie doch nicht brauchen,
Marinelli, mich wieder zu ihr zurückzubringen? — Wenn sie
aus Liebe närrisch wird, so wäre sie es früher oder später
auch ohne Liebe geworden — Und nun genug von ihr. —
Von etwas anderm! — Geht denn gar nichts vor in der
Stadt?

MARINELLI. So gut wie gar nichts. — Denn daß die
Verbindung des Grafen Appiani heute vollzogen wird, ist
nicht viel mehr als gar nichts.

DER PRINZ. Des Grafen Appiani? und mit wem denn? —
Ich soll ja noch hören, daß er versprochen ist.

MARINELLI. Die Sache ist sehr geheim gehalten worden.
Auch war nicht viel Aufhebens davon zu machen. — Sie
werden lachen, Prinz. — Aber so geht es den Empfindsamen! Die Liebe spielt ihnen immer die schlimmsten
Streiche. Ein Mädchen ohne Vermögen und ohne Rang hat
ihn in ihre Schlinge zu ziehen gewußt, — mit ein wenig

Larve, aber mit vielem Prunke von Tugend und Gefühl
und Witz, und was weiß ich?

DER PRINZ. Wer sich den Eindrücken, die Unschuld und
Schönheit auf ihn machen, ohne weitere Rücksicht so ganz
überlassen darf, ich dächte, der wär' eher zu beneiden, als zu
belachen. — Und wie heißt denn die Glückliche? — Denn
bei alledem ist Appiani — ich weiß wohl, daß Sie, Marinelli,
ihn nicht leiden können, ebensowenig als er Sie — bei alledem ist er doch ein sehr würdiger junger Mann, ein schöner
Mann, ein reicher Mann, ein Mann voller Ehre. Ich hätte
sehr gewünscht, ihn mir verbinden zu können. Ich werde noch
darauf denken.

MARINELLI. Wenn es nicht zu spät ist. — Denn soviel
ich höre, ist sein Plan gar nicht, bei Hofe sein Glück zu
machen. — Er will mit seiner Gebieterin nach seinen Tälern
von Piemont: — Gemsen zu jagen auf den Alpen und
Murmeltiere abzurichten. — Was kann er Beßres tun? Hier
ist es durch das Mißbündnis, welches er trifft, mit ihm doch
aus. Der Zirkel der ersten Häuser ist ihm von nun an ver-
schlossen.

DER PRINZ. Mit euren ersten Häusern! — in welchen das
Zeremoniell, der Zwang, die Langeweile und nicht selten
die Dürftigkeit herrscht. — Aber so nennen Sie mir sie doch,
der er dieses so große Opfer bringt.

MARINELLI. Es ist eine gewisse Emilia Galotti.

DER PRINZ. Wie, Marinelli? Eine gewisse —

MARINELLI. Emilia Galotti.

DER PRINZ. Emilia Galotti? — Nimmermehr!

MARINELLI. Zuverlässig, gnädiger Herr.

DER PRINZ. Nein, sag' ich, das ist nicht, das kann nicht
sein. — Sie irren sich in dem Namen. — Das Geschlecht der
Galotti ist groß. — Eine Galotti kann es sein; aber nicht
Emilia Galotti; nicht Emilia!

MARINELLI. Emilia — Emilia Galotti!

DER PRINZ. So gibt es noch eine, die beide Namen
führt. — Sie sagten ohnedem, eine gewisse Emilia Galotti
— eine gewisse. Von der rechten könnte nur ein Narr so
sprechen.

MARINELLI. Sie sind außer sich, gnädiger Herr. — Kennen
Sie denn diese Emilia?

DER PRINZ. Ich habe zu fragen, Marinelli, nicht Er. —

Emilia Galotti? Die Tochter des Obersten Galotti, bei
Sabionetta?

MARINELLI. Eben die.

DER PRINZ. Die hier in Guastalla mit ihrer Mutter
5 wohnt?

MARINELLI. Eben die.

DER PRINZ. Unfern der Kirche Allerheiligen?

MARINELLI. Eben die.

DER PRINZ. Mit einem Worte — (indem er nach dem
10 Porträt springt und es dem Marinelli in die Hand gibt) Da!
Diese? Diese Emilia Galotti? — Sprich dein verdammtes
„Eben die" noch einmal und stoß' mir den Dolch ins Herz!

MARINELLI. Eben die.

DER PRINZ. Henker! — Diese? — Diese Emilia Galotti
15 wird heute —

MARINELLI. Gräfin Appiani! — (Hier reißt der Prinz
dem Marinelli das Bild wieder aus der Hand und wirft es
beiseite.) Die Trauung geschieht in der Stille auf dem
Landgute des Vaters bei Sabionetta. Gegen Mittag fahren
20 Mutter und Tochter, der Graf und vielleicht ein paar
Freunde dahin ab.

DER PRINZ (der sich voll Verzweiflung in einen Stuhl
wirft). So bin ich verloren! — So will ich nicht leben!

MARINELLI. Aber was ist Ihnen, gnädiger Herr?

25 DER PRINZ (der gegen ihn wieder aufspringt). Verräter!
— was mir ist? — Nun ja, ich liebe sie; ich bete sie an.
Mögt ihr es doch wissen! mögt ihr es doch längst gewußt
haben, alle ihr, denen ich der tollen Orsina schimpfliche
Fesseln lieber ewig tragen sollte! — Nur daß Sie, Marinelli,
30 der Sie so oft mich Ihrer innigsten Freundschaft versi-
cherten — o, ein Fürst hat keinen Freund! kann keinen
Freund haben! — daß Sie, Sie so treulos, so hämisch mir bis
auf diesen Augenblick die Gefahr verhehlen dürfen, die
meiner Liebe drohte: wenn ich Ihnen jemals das vergebe, —
35 so werde mir meiner Sünden keine vergeben!

MARINELLI. Ich weiß kaum Worte zu finden, Prinz, —
wenn Sie mich auch dazu kommen ließen — Ihnen mein Er-
staunen zu bezeigen. — Sie lieben Emilia Galotti? — Schwur
denn gegen Schwur: Wenn ich von dieser Liebe das Ge-
40 ringste gewußt, das Geringste vermutet habe, so möge
weder Engel noch Heiliger von mir wissen! — Eben das

wollt' ich in die Seele der Orsina schwören. Ihr Verdacht
schweift auf einer ganz andern Fährte.

DER PRINZ. So verzeihen Sie mir, Marinelli, — (indem er
sich ihm in die Arme wirft) und bedauern Sie mich.

5 MARINELLI. Nun da, Prinz! Erkennen Sie da die Frucht
Ihrer Zurückhaltung! — „Fürsten haben keinen Freund!
können keinen Freund haben!" — Und die Ursache, wenn
dem so ist? — Weil sie keinen haben wollen. — Heute
beehren sie uns mit ihrem Vertrauen, teilen uns ihre ge-
10 heimsten Wünsche mit, schließen uns ihre ganze Seele auf,
und morgen sind wir ihnen wieder so fremd, als hätten sie
nie ein Wort mit uns gewechselt.

DER PRINZ. Ah, Marinelli, wie konnt' ich Ihnen vertrauen, was ich mir selbst kaum gestehen wollte?

15 MARINELLI. Und also wohl noch weniger der Urheberin
Ihrer Qual gestanden haben?

DER PRINZ. Ihr? — Alle meine Mühe ist vergebens
gewesen, sie ein zweites Mal zu sprechen.

MARINELLI. Und das erste Mal —

20 DER PRINZ. Sprach ich sie — O, ich komme von Sinnen!
Und ich soll Ihnen noch lange erzählen? — Sie sehen mich
ein Raub der Wellen: was fragen Sie viel, wie ich es
geworden? Retten Sie mich, wenn Sie können, und fragen
Sie dann.

25 MARINELLI. Retten? ist da viel zu retten? — Was Sie
versäumt haben, gnädiger Herr, der Emilia Galotti zu
bekennen, das bekennen Sie nun der Gräfin Appiani.
Waren, die man aus der ersten Hand nicht haben kann,
kauft man aus der zweiten: — und solche Waren nicht selten
30 aus der zweiten um so viel wohlfeiler.

DER PRINZ. Ernsthaft, Marinelli, ernsthaft, oder —

MARINELLI. Freilich, auch um so viel schlechter —

DER PRINZ. Sie werden unverschämt!

MARINELLI. Und dazu will der Graf damit aus dem
35 Lande. — Ja, so müßte man auf etwas Anders denken. —

DER PRINZ. Und auf was? — Liebster, bester Marinelli,
denken Sie für mich. Was würden Sie tun, wenn Sie an
meiner Stelle wären?

MARINELLI. Vor allen Dingen eine Kleinigkeit als eine
40 Kleinigkeit ansehen — und mir sagen, daß ich nicht vergebens sein wolle, was ich bin — Herr!

DER PRINZ. Schmeicheln Sie mir nicht mit einer Gewalt,

von der ich hier keinen Gebrauch absehe. — Heute, sagen
Sie? schon heute?

MARINELLI. Erst heute — soll es geschehen. Und nur
geschehenen Dingen ist nicht zu raten. — (Nach einer
kurzen Überlegung.) Wollen Sie mir freie Hand lassen,
Prinz? Wollen Sie alles genehmigen, was ich tue?

DER PRINZ. Alles, Marinelli, alles, was diesen Streich
abwenden kann.

MARINELLI. So lassen Sie uns keine Zeit verlieren. —
Aber bleiben Sie nicht in der Stadt. Fahren Sie sogleich
nach Ihrem Lustschlosse, nach Dosalo. Der Weg nach
Sabionetta geht da vorbei. Wenn es mir nicht gelingt, den
Grafen augenblicklich zu entfernen, so denk' ich — Doch,
doch; ich glaube, er geht in diese Falle gewiß. Sie wollen
ja, Prinz, wegen Ihrer Vermählung einen Gesandten nach
Massa schicken? Lassen Sie den Grafen dieser Gesandte
sein; mit dem Beding, daß er noch heute abreist. — Verstehen Sie?

DER PRINZ. Vortrefflich! — Bringen Sie ihn zu mir
heraus. Gehen Sie, eilen Sie. Ich werfe mich sogleich in
den Wagen. (Marinelli geht ab.)

7. AUFTRITT

DER PRINZ. Sogleich! sogleich! — Wo blieb es? — (Sich
nach dem Porträt umsehend.) Auf der Erde? das war zu arg!
(Indem er es aufhebt.) Doch betrachten? betrachten mag ich
dich vors erste nicht mehr. — Warum sollt' ich mir den
Pfeil noch tiefer in die Wunde drücken? (Setzt es beiseite.) —
Geschmachtet, geseufzt hab' ich lange genug, — länger, als
ich gesollt hätte: aber nichts getan! und über die zärtliche
Untätigkeit bei einem Haar alles verloren! — Und wenn nun
doch alles verloren wäre? Wenn Marinelli nichts ausrich-
tete? — Warum will ich mich auch auf ihn allein verlassen?
Es fällt mir ein, — um diese Stunde (nach der Uhr sehend),
um diese nämliche Stunde pflegt das fromme Mädchen alle
Morgen bei den Dominikanern die Messe zu hören. — Wie,
wenn ich sie da zu sprechen suchte? — Doch heute, heut' an
ihrem Hochzeitstage — heute werden ihr andere Dinge am
Herzen liegen als die Messe. — Indes, wer weiß? — Es ist
ein Gang. — (Er klingelt, und indem er einige von den
Papieren auf dem Tische hastig zusammenrafft, tritt der

Kammerdiener herein.) Laßt vorfahren! — Ist noch keiner
von den Räten da?
  DER KAMMERDIENER. Camillo Rota.
  DER PRINZ. Er soll hereinkommen. (Der Kammer-
5 diener geht ab.) Nur aufhalten muß er mich nicht wollen.
Dasmal nicht! — Ich stehe gern seinen Bedenklichkeiten ein
andermal um so viel länger zu Diensten. — Da war ja noch
die Bittschrift einer Emilia Bruneschi. — (Sie suchend.)
Die ist's. — Aber, gute Bruneschi, wo deine Vorsprecherin —

8. AUFTRITT
CAMILLO ROTA, Schriften in der Hand. DER PRINZ

10 DER PRINZ. Kommen Sie, Rota, kommen Sie. — Hier ist,
was ich diesen Morgen erbrochen. Nicht viel Tröstliches!
— Sie werden von selbst sehen, was darauf zu verfügen. —
Nehmen Sie nur.
  CAMILLO ROTA. Gut, gnädiger Herr.
15 DER PRINZ. Noch ist hier eine Bittschrift einer Emilia
Galot . . Bruneschi will ich sagen. — Ich habe meine Be-
willigung zwar schon beigeschrieben. Aber doch — die
Sache ist keine Kleinigkeit — Lassen Sie die Ausfertigung
noch anstehen. — Oder auch nicht anstehen; wie Sie wollen.
20 CAMILLO ROTA. Nicht wie ich will, gnädiger Herr.
  DER PRINZ. Was ist sonst? Etwas zu unterschreiben?
  CAMILLO ROTA. Ein Todesurteil wäre zu unterschreiben.
  DER PRINZ. Recht gern. — Nur her! geschwind.
  CAMILLO ROTA (stutzig und den Prinzen starr ansehend).
25 Ein Todesurteil — sagt' ich.
  DER PRINZ. Ich höre ja wohl. — Es könnte schon ge-
schehen sein. Ich bin eilig.
  CAMILLO ROTA (seine Schriften nachsehend). Nun hab'
ich es doch wohl nicht mitgenommen! — Verzeihen Sie,
30 gnädiger Herr. — Es kann Anstand damit haben bis morgen.
  DER PRINZ. Auch das! — Packen Sie nur zusammen: ich
muß fort. — Morgen, Rota, ein Mehreres! (Geht ab.)
  CAMILLO ROTA (den Kopf schüttelnd, indem er die
Papiere zu sich nimmt und abgeht). Recht gern? — Ein
35 Todesurteil recht gern? — Ich hätt' es ihn in diesem Augenblicke nicht mögen unterschreiben lassen, und wenn es den
Mörder meines einzigen Sohnes betroffen hätte. — Recht
gern! recht gern! — Es geht mir durch die Seele, dieses
gräßliche „Recht gern!"

ZWEITER AUFZUG

DIE SZENE: EIN SAAL IN DEM HAUSE DER GALOTTI

1. AUFTRITT

CLAUDIA GALOTTI. PIRRO

CLAUDIA (im Heraustreten zu Pirro, der von der andern Seite hereintritt). Wer sprengte da in den Hof?

PIRRO. Unser Herr, gnädige Frau.

CLAUDIA. Mein Gemahl? Ist es möglich?

5 PIRRO. Er folgt mir auf dem Fuße.

CLAUDIA. So unvermutet? — (Ihm entgegeneilend.) Ah! mein Bester! —

2. AUFTRITT

ODOARDO GALOTTI UND DIE VORIGEN

ODOARDO. Guten Morgen, meine Liebe! — Nicht wahr, das heißt überraschen?

10 CLAUDIA. Und auf die angenehmste Art! — Wenn es anders nur eine Überraschung sein soll.

ODOARDO. Nichts weiter! Sei unbesorgt. — Das Glück des heutigen Tages weckte mich so früh; der Morgen war so schön; der Weg ist so kurz; ich vermutete euch hier so

15 geschäftig — Wie leicht vergessen sie etwas! fiel mir ein. — Mit einem Worte: ich komme und sehe und kehre sogleich wieder zurück. — Wo ist Emilia? Unstreitig beschäftigt mit dem Putze?

CLAUDIA. Ihrer Seele! — Sie ist in der Messe. — „Ich

20 habe heute mehr als jeden andern Tag Gnade von oben zu erflehen," sagte sie und ließ alles liegen und nahm ihren Schleier und eilte —

ODOARDO. Ganz allein?

CLAUDIA. Die wenigen Schritte —

25 ODOARDO. Einer ist genug zu einem Fehltritt!

CLAUDIA. Zürnen Sie nicht, mein Bester, und kommen Sie herein, einen Augenblick auszuruhen und, wenn Sie wollen, eine Erfrischung zu nehmen.

ODOARDO. Wie du meinst, Claudia, — aber sie sollte nicht allein gegangen sein.

CLAUDIA. Und Ihr, Pirro, bleibt hier in dem Vorzimmer, alle Besuche auf heute zu verbitten.

3. AUFTRITT

PIRRO und bald darauf ANGELO

5   PIRRO. Die sich nur aus Neugierde melden lassen. — Was bin ich seit einer Stunde nicht alles ausgefragt worden! — Und wer kommt da?

ANGELO (noch halb hinter der Szene, in einem kurzen Mantel, den er über das Gesicht gezogen, den Hut in die
10   Stirne). Pirro! — Pirro!

PIRRO. Ein Bekannter? — (Indem Angelo vollends hereintritt und den Mantel auseinanderschlägt.) Himmel! Angelo? — Du?

ANGELO. Wie du siehst. — Ich bin lange genug um das
15   Haus herumgegangen, dich zu sprechen. — Auf ein Wort!

PIRRO. Und du wagst es, wieder ans Licht zu kommen? — Du bist seit deiner letzten Mordtat vogelfrei erklärt; auf deinen Kopf steht eine Belohnung —

ANGELO. Die doch du nicht wirst verdienen wollen? —
20   PIRRO. Was willst du? — Ich bitte dich, mache mich nicht unglücklich.

ANGELO. Damit etwa? (ihm einen Beutel mit Geld zeigend) — Nimm! Es gehört dir!

PIRRO. Mir?

25   ANGELO. Hast du vergessen? Der Deutsche, dein voriger Herr, —

PIRRO. Schweig' davon!

ANGELO. Den du uns auf dem Wege nach Pisa in die Falle führtest —

30   PIRRO. Wenn uns jemand hörte!

ANGELO. Hatte ja die Güte, uns auch einen kostbaren Ring zu hinterlassen. — Weißt du nicht? — Er war zu kostbar, der Ring, als daß wir ihn sogleich ohne Verdacht hätten zu Gelde machen können. Endlich ist mir es damit
35   gelungen. Ich habe hundert Pistolen dafür erhalten: und das ist dein Anteil. Nimm!

PIRRO. Ich mag nichts, behalt' alles.

ANGELO. Meinetwegen! — Wenn es dir gleichviel ist,
wie hoch du deinen Kopf feil trägst — (Als ob er den Beutel
wieder einstecken wollte.)

PIRRO. So gib nur! (Nimmt ihn.) — Und was nun?
Denn daß du bloß deswegen mich aufgesucht haben soll-
5 test —

ANGELO. Das kommt dir nicht so recht glaublich vor? —
Halunke! Was denkst du von uns? — Daß wir fähig sind,
jemanden seinen Verdienst vorzuenthalten? Das mag unter
den sogenannten ehrlichen Leuten Mode sein, unter uns
10 nicht. — Leb' wohl! — (Tut, als ob er gehen wollte, und
kehrt wieder um.) Eins muß ich doch fragen. — Da kam
ja der alte Galotti so ganz allein in die Stadt gesprengt.
Was will der?

PIRRO. Nichts will er; ein bloßer Spazierritt. Seine
15 Tochter wird heut' abend auf dem Gute, von dem er her-
kommt, dem Grafen Appiani angetraut. Er kann die Zeit
nicht erwarten —

ANGELO. Und reitet bald wieder hinaus?

PIRRO. So bald, daß er dich hier trifft, wo du noch lange
20 verziehst. — Aber du hast doch keinen Anschlag auf ihn?
Nimm dich in acht. Er ist ein Mann —

ANGELO. Kenn' ich ihn nicht? Hab' ich nicht unter ihm
gedient? — Wenn darum bei ihm nur viel zu holen wäre! —
Wann fahren die jungen Leute nach?

25 PIRRO. Gegen Mittag.

ANGELO. Mit viel Begleitung?

PIRRO. In einem einzigen Wagen: die Mutter, die
Tochter und der Graf. Ein paar Freunde kommen aus
Sabionetta als Zeugen.

30 ANGELO. Und Bediente?

PIRRO. Nur zwei außer mir, der ich zu Pferde vorauf
reiten soll.

ANGELO. Das ist gut. — Noch eins: wessen ist die
Equipage? Ist es eure? oder des Grafen?

35 PIRRO. Des Grafen.

ANGELO. Schlimm! Da ist noch ein Vorreiter außer
einem handfesten Kutscher. Doch! —

PIRRO. Ich erstaune. Aber was willst du? — Das
bißchen Schmuck, das die Braut etwa haben dürfte, wird
40 schwerlich der Mühe lohnen —

ANGELO. So lohnt ihrer die Braut selbst!

PIRRO. Und auch bei diesem Verbrechen soll ich dein Mitschuldiger sein?

ANGELO. Du reitest vorauf. Reite doch, reite! und kehre dich an nichts!

PIRRO. Nimmermehr!

ANGELO. Wie? ich glaube gar, du willst den Gewissenhaften spielen. Bursche! Ich denke, du kennst mich. — Wo du plauderst! Wo sich ein einziger Umstand anders findet, als du mir ihn angegeben!

PIRRO. Aber, Angelo, um des Himmels willen!

ANGELO. Tu', was du nicht lassen kannst! (Geht ab.)

PIRRO. Ha! laß dich den Teufel bei e i n e m Haare fassen, und du bist sein auf ewig! Ich Unglücklicher!

4. AUFTRITT

ODOARDO und CLAUDIA GALOTTI. PIRRO

ODOARDO. Sie bleibt mir zu lang' aus —

CLAUDIA. Noch einen Augenblick, Odoardo! Es würde sie schmerzen, deines Anblicks so zu verfehlen.

ODOARDO. Ich muß auch bei dem Grafen noch einsprechen. Kaum kann ich's erwarten, diesen würdigen jungen Mann meinen Sohn zu nennen. Alles entzückt mich an ihm. Und vor allem der Entschluß, in seinen väterlichen Tälern sich selbst zu leben.

CLAUDIA. Das Herz bricht mir, wenn ich hieran gedenke. — So ganz sollen wir sie verlieren, diese einzige, geliebte Tochter?

ODOARDO. Was nennst du: sie verlieren? Sie in den Armen der Liebe zu wissen? Vermenge dein Vergnügen an ihr nicht mit ihrem Glücke. — Du möchtest meinen alten Argwohn erneuern: — daß es mehr das Geräusch und die Zerstreuung der Welt, mehr die Nähe des Hofes war, als die Notwendigkeit, unserer Tochter eine anständige Erziehung zu geben, was dich bewog, hier in der Stadt mit ihr zu bleiben, — fern von einem Manne und Vater, der euch so herzlich liebt.

CLAUDIA. Wie ungerecht, Odoardo! Aber laß mich heute nur ein Einziges für diese Stadt, für diese Nähe des Hofes sprechen, die deiner strengen Tugend so verhaßt sind. — Hier, nur hier konnte die Liebe zusammenbringen, was für einander geschaffen war. Hier nur konnte der Graf Emilien finden, und fand sie.

ODOARDO. Das räum' ich ein. Aber, gute Claudia, hattest du darum recht, weil dir der Ausgang recht gibt? — Gut, daß es mit dieser Stadterziehung so abgelaufen! Laß uns nicht weise sein wollen, wo wir nichts als glücklich ge-

5 wesen! Gut, daß es so damit abgelaufen! — Nun haben sie sich gefunden, die für einander bestimmt waren; nun laß sie ziehen, wohin Unschuld und Ruhe sie rufen. — Was sollte der Graf hier? Sich bücken und schmeicheln und kriechen und die Marinellis auszustechen suchen, um endlich ein

10 Glück zu machen, dessen er nicht bedarf? um endlich einer Ehre gewürdigt zu werden, die für ihn keine wäre? — Pirro!

PIRRO. Hier bin ich.

ODOARDO. Geh' und führe mein Pferd vor das Haus des

15 Grafen. Ich komme nach und will mich da wieder auf- setzen. (Pirro geht ab.) — Warum soll der Graf hier dienen, wenn er dort selbst befehlen kann? — Dazu bedenkst du nicht, Claudia, daß durch unsere Tochter er es vollends mit dem Prinzen verdirbt. Der Prinz haßt mich —

20 CLAUDIA. Vielleicht weniger, als du besorgst.

ODOARDO. Besorgst! Ich besorg' auch so was!

CLAUDIA. Denn hab' ich dir schon gesagt, daß der Prinz unsere Tochter gesehen hat?

ODOARDO. Der Prinz? Und wo das?

25 CLAUDIA. In der letzten Vegghia, bei dem Kanzler Gri- maldi, die er mit seiner Gegenwart beehrte. Er bezeigte sich gegen sie so gnädig —

ODOARDO. So gnädig?

CLAUDIA. Er unterhielt sich mit ihr so lange —

30 ODOARDO. Unterhielt sich mit ihr?

CLAUDIA. Schien von ihrer Munterkeit und ihrem Witze so bezaubert —

ODOARDO. So bezaubert?

CLAUDIA. Hat von ihrer Schönheit mit so vielen Lobes-

35 erhebungen gesprochen —

ODOARDO. Lobeserhebungen? Und das alles erzählst du mir in einem Tone der Entzückung? O Claudia! Claudia! eitle, törichte Mutter!

CLAUDIA. Wieso?

40 ODOARDO. Nun gut, nun gut! Auch das ist so abge- laufen. — Ha! Wenn ich mir einbilde — Das gerade wäre der Ort, wo ich am tödlichsten zu verwunden bin! — Ein

Wollüstling, der bewundert, begehrt. — Claudia! Claudia!
der bloße Gedanke setzt mich in Wut. — Du hättest mir das
sogleich sollen gemeldet haben. — Doch, ich möchte dir
heute nicht gern etwas Unangenehmes sagen. Und ich
würde (indem sie ihn bei der Hand ergreift), wenn ich
länger bliebe. — Drum laß mich! laß mich! — Gott
befohlen, Claudia! — Kommt glücklich nach!

5. AUFTRITT

CLAUDIA GALOTTI. Welch ein Mann! — O, der rauhen
Tugend! — wenn anders sie diesen Namen verdient. — Alles
scheint ihr verdächtig, alles strafbar! — Oder, wenn das die
Menschen kennen heißt: — wer sollte sich wünschen, sie zu
kennen? — Wo bleibt aber auch Emilia? — Er ist des
Vaters Feind: folglich — folglich, wenn er ein Auge für die
Tochter hat, so ist es einzig, um ihn zu beschimpfen?

6. AUFTRITT

EMILIA und CLAUDIA GALOTTI

EMILIA (stürzt in einer ängstlichen Verwirrung herein).
Wohl mir! wohl mir! — Nun bin ich in Sicherheit. Oder
ist er mir gar gefolgt? (Indem sie den Schleier zurückwirft
und ihre Mutter erblickt.) Ist er, meine Mutter? ist er? —
Nein, dem Himmel sei Dank!

CLAUDIA. Was ist dir, meine Tochter? was ist dir?

EMILIA. Nichts, nichts —

CLAUDIA. Und blickst so wild um dich? Und zitterst an
jedem Gliede?

EMILIA. Was hab' ich hören müssen! Und wo, wo hab'
ich es hören müssen!

CLAUDIA. Ich habe dich in der Kirche geglaubt —

EMILIA. Ebenda! Was ist dem Laster Kirch' und Altar?
— Ah, meine Mutter! (Sich ihr in die Arme werfend.)

CLAUDIA. Rede, meine Tochter! — Mach' meiner Furcht
ein Ende. — Was kann dir da, an heiliger Stätte, so Schlim-
mes begegnet sein?

EMILIA. Nie hätte meine Andacht inniger, brünstiger sein
sollen als heute; nie ist sie weniger gewesen, was sie sein
sollte.

CLAUDIA. Wir sind Menschen, Emilia. Die Gabe, zu

beten, ist nicht immer in unserer Gewalt. Dem Himmel ist beten wollen, auch beten.

EMILIA. Und sündigen wollen, auch sündigen.

CLAUDIA. Das hat meine Emilia nicht wollen!

EMILIA. Nein, meine Mutter, so tief ließ mich die Gnade nicht sinken. — Aber daß fremdes Laster uns wider unsern Willen zu Mitschuldigen machen kann!

CLAUDIA. Fasse dich! — Sammle deine Gedanken, so viel dir möglich. — Sag' es mir mit eins, was dir geschehen.

EMILIA. Eben hatt' ich mich — weiter von dem Altare, als ich sonst pflege, — denn ich kam zu spät — auf meine Knie gelassen. Eben fing ich an, mein Herz zu erheben, als dicht hinter mir etwas seinen Platz nahm. So dicht hinter mir! — Ich konnte weder vor, noch zur Seite rücken, — so gern ich auch wollte, aus Furcht, daß eines andern Andacht mich in meiner stören möchte. — Andacht! das war das Schlimmste, was ich besorgte. — Aber es währte nicht lange, so hört ich, ganz nah' an meinem Ohre, nach einem tiefen Seufzer, nicht den Namen einer Heiligen, — den Namen, — zürnen Sie nicht, meine Mutter — den Namen Ihrer Tochter! — meinen Namen! — O, daß laute Donner mich verhindert hätten, mehr zu hören! — Es sprach von Schönheit, von Liebe — Es klagte, daß dieser Tag, welcher mein Glück mache, — wenn er es anders mache, — sein Unglück auf immer entscheide. — Es beschwor mich — Hören mußt' ich dies alles. Aber ich blickte nicht um; ich wollte tun, als ob ich es nicht hörte — Was konnt' ich sonst? — Meinen guten Engel bitten, mich mit Taubheit zu schlagen; und wenn auch, wenn auch auf immer! — Das bat ich; das war das einzige, was ich beten konnte. — Endlich ward es Zeit, mich wieder zu erheben. Das heilige Amt ging zu Ende. Ich zitterte, mich umzukehren. Ich zitterte, ihn zu erblicken, der sich den Frevel erlauben dürfen. Und da ich mich umwandte, da ich ihn erblickte —

CLAUDIA. Wen, meine Tochter?

EMILIA. Raten Sie, meine Mutter, raten Sie. — Ich glaubte, in die Erde zu sinken. — Ihn selbst.

CLAUDIA. Wen ihn selbst?

EMILIA. Den Prinzen.

CLAUDIA. Den Prinzen! — O, gesegnet sei die Ungeduld deines Vaters, der eben hier war und dich nicht erwarten wollte!

EMILIA. Mein Vater hier? — und wollte mich nicht erwarten?

CLAUDIA. Wenn du in deiner Verwirrung auch ihn das hättest hören lassen!

5 EMILIA. Nun, meine Mutter? — Was hätt' er an mir Strafbares finden können?

CLAUDIA. Nichts; ebensowenig als an mir. Und doch, doch — Ha, du kennst deinen Vater nicht! In seinem Zorne hätt' er den unschuldigen Gegenstand des Verbrechens mit 10 dem Verbrecher verwechselt. In seiner Wut hätt' ich ihm geschienen, das veranlaßt zu haben, was ich weder verhindern, noch vorhersehen können. — Aber weiter, meine Tochter, weiter! Als du den Prinzen erkanntest — Ich will hoffen, daß du deiner mächtig genug warst, ihm in einem 15 Blicke alle die Verachtung zu bezeigen, die er verdient.

EMILIA. Das war ich nicht, meine Mutter! Nach dem Blicke, mit dem ich ihn erkannte, hatt' ich nicht das Herz, einen zweiten auf ihn zu richten. Ich floh —

CLAUDIA. Und der Prinz dir nach —

20 EMILIA. Was ich nicht wußte, bis ich in der Halle mich bei der Hand ergriffen fühlte. Und von ihm! Aus Scham mußt' ich standhalten: mich von ihm loszuwinden, würde die Vorbeigehenden zu aufmerksam auf uns gemacht haben. Das war die einzige Überlegung, deren ich fähig war — oder 25 deren ich nun mich wieder erinnere. Er sprach; und ich hab' ihm geantwortet. Aber, was er sprach, was ich ihm geantwortet, fällt mir es noch bei, so ist es gut, so will ich es Ihnen sagen, meine Mutter. Jetzt weiß ich von dem allen nichts. Meine Sinne hatten mich verlassen. — Umsonst 30 denk' ich nach, wie ich von ihm weg und aus der Halle gekommen. Ich finde mich erst auf der Straße wieder und höre ihn hinter mir herkommen und höre ihn mit mir zugleich in das Haus treten, mit mir die Treppe hinaufsteigen —

35 CLAUDIA. Die Furcht hat ihren besondern Sinn, meine Tochter! — Ich werde es nie vergessen, mit welcher Gebärde du hereinstürztest. — Nein, so weit durfte er nicht wagen, dir zu folgen. — Gott! Gott! wenn dein Vater das wüßte! — Wie wild er schon war, als er nur hörte, daß der Prinz dich 40 jüngst nicht ohne Mißfallen gesehen! — Indes, sei ruhig, meine Tochter! Nimm es für einen Traum, was dir begegnet

ist. Auch wird es noch weniger Folgen haben als ein
Traum. Du entgehst heute mit eins allen Nachstellungen.

EMILIA. Aber, nicht, meine Mutter? Der Graf muß das
wissen. Ihm muß ich es sagen.

5   CLAUDIA. Um alle Welt nicht! — Wozu? Warum? Willst
du für nichts und wieder für nichts ihn unruhig machen?
Und wenn er es auch jetzt nicht würde: wisse, mein Kind,
daß ein Gift, welches nicht gleich wirkt, darum kein minder
gefährliches Gift ist. Was auf den Liebhaber keinen Ein-
10 druck macht, kann ihn auf den Gemahl machen. Dem
Liebhaber könnt' es sogar schmeicheln, einem so wichtigen
Mitbewerber den Rang abzulaufen. Aber wenn er ihm den
nun einmal abgelaufen hat: ah! mein Kind, so wird aus dem
Liebhaber oft ein ganz anderes Geschöpf. Dein gutes
15 Gestirn behüte dich vor dieser Erfahrung.

EMILIA. Sie wissen, meine Mutter, wie gern ich Ihren
bessern Einsichten mich in allem unterwerfe. — Aber wenn
er es von einem andern erführe, daß der Prinz mich heute gesprochen? Wurde mein Verschweigen nicht, früh oder spät,
20 seine Unruhe vermehren? — Ich dächte doch, ich behielte
lieber vor ihm nichts auf dem Herzen.

CLAUDIA. Schwachheit! verliebte Schwachheit! — Nein,
durchaus nicht, meine Tochter! Sag' ihm nichts. Laß ihn
nichts merken!

25.   EMILIA. Nun ja, meine Mutter! Ich habe keinen Willen
gegen den Ihrigen. — Aha! (Mit einem tiefen Atemzuge.)
Auch wird mir wieder ganz leicht. — Was für ein albernes,
furchtsames Ding ich bin! — Nicht, meine Mutter? — Ich
hätte mich noch wohl anders dabei nehmen können und
30 würde mir ebensowenig vergeben haben.

CLAUDIA. Ich wollte dir das nicht sagen, meine Tochter,
bevor dir es dein eigner gesunder Verstand sagte. Und ich
wußte, er würde dir es sagen, sobald du wieder zu dir selbst
gekommen. Der Prinz ist galant. Du bist die unbedeutende
35 Sprache der Galanterie zu wenig gewohnt. Eine Höflichkeit
wird in ihr zur Empfindung, eine Schmeichlei zur Beteuerung,
ein Einfall zum Wunsche, ein Wunsch zum Vorsatze. Nichts
klingt in dieser Sprache wie alles, und alles ist in ihr so viel
als nichts.

40   EMILIA. O meine Mutter! — so müßte ich mir mit
meiner Furcht vollends lächerlich vorkommen! — Nun soll
er gewiß nichts davon erfahren, mein guter Appiani! Er

könnte mich leicht für mehr eitel als tugendhaft halten. — Hui! daß er da selbst kommt! Es ist sein Gang.

7. AUFTRITT

GRAF APPIANI. DIE VORIGEN

APPIANI (tritt tiefsinnig, mit vor sich hingeschlagenen Augen herein und kommt näher, ohne sie zu erblicken, bis Emilia ihm entgegenspringt). Ah, meine Teuerste! — Ich war mir Sie in dem Vorzimmer nicht vermutend.

EMILIA. Ich wünschte Sie heiter, Herr Graf, auch wo Sie mich nicht vermuten. — So feierlich? so ernsthaft? — Ist dieser Tag keiner freudigeren Aufwallung wert?

APPIANI. Er ist mehr wert, als mein ganzes Leben. Aber schwanger mit so viel Glückseligkeit für mich, — mag es wohl diese Glückseligkeit selbst sein, die mich so ernst, die mich, wie Sie es nennen, mein Fraülein, so feierlich macht. — (Indem er die Mutter erblickt.) Ha! auch Sie hier, meine gnädige Frau! — nun bald mir mit einem innigern Namen zu verehrende!

CLAUDIA. Der mein größter Stolz sein wird! — Wie glücklich bist du, meine Emilia! — Warum hat dein Vater unsere Entzückung nicht teilen wollen?

APPIANI. Eben hab' ich mich aus seinen Armen gerissen: — oder vielmehr er sich aus meinen. — Welch ein Mann, meine Emilia, Ihr Vater! Das Muster aller männlichen Tugend! Zu was für Gesinnungen erhebt sich meine Seele in seiner Gegenwart! Nie ist mein Entschluß, immer gut, immer edel zu sein, lebendiger, als wenn ich ihn sehe, wenn ich ihn mir denke. Und womit sonst, als mit der Erfüllung dieses Entschlusses kann ich mich der Ehre würdig machen, sein Sohn zu heißen, der Ihrige zu sein, meine Emilia?

EMILIA. Und er wollte mich nicht erwarten!

APPIANI. Ich urteile, weil ihn seine Emilia für diesen augenblicklichen Besuch zu sehr erschüttert, zu sehr sich seiner ganzen Seele bemächtigt hätte.

CLAUDIA. Er glaubte dich mit deinem Brautschmucke beschäftigt zu finden: und hörte —

APPIANI. Was ich mit der zärtlichsten Bewunderung wieder von ihm gehört habe. — So recht, meine Emilia! Ich werde eine fromme Frau an Ihnen haben, und die nicht stolz auf ihre Frömmigkeit ist.

CLAUDIA. Aber, meine Kinder, eines tun und das andere nicht lassen! — Nun ist es hohe Zeit; nun mach', Emilia!

APPIANI. Was? meine gnädige Frau.

CLAUDIA. Sie wollen sie doch nicht so, Herr Graf, so wie sie da ist, zum Altare führen?

APPIANI. Wahrlich, das werd' ich nun erst gewahr. — Wer kann Sie sehen, Emilia, und auch auf Ihren Putz achten? — Und warum nicht so, so wie sie da ist?

EMILIA. Nein, mein lieber Graf, nicht so, nicht ganz so. Aber auch nicht viel prächtiger, nicht viel. — Husch, husch, und ich bin fertig! — Nichts, gar nichts von dem Geschmeide, dem letzten Geschenke Ihrer verschwendrischen Großmut! Nichts, gar nichts, was sich nur zu solchem Geschmeide schickte! — Ich könnte ihm gram sein, diesem Geschmeide, wenn es nicht von Ihnen wäre. Denn dreimal hat mir von ihm geträumt —

CLAUDIA. Nun? Davon weiß ich ja nichts.

EMILIA. Als ob ich es trüge, und als ob plötzlich sich jeder Stein desselben in eine Perle verwandle. — Perlen aber, meine Mutter, Perlen bedeuten Tränen.

CLAUDIA. Kind! Die Bedeutung ist träumerischer als der Traum. — Warst du nicht von jeher eine größere Liebhaberin von Perlen, als von Steinen?

EMILIA. Freilich, meine Mutter, freilich —

APPIANI (nachdenkend und schwermütig). Bedeuten Tränen! — bedeuten Tränen!

EMILIA. Wie? Ihnen fällt das auf? Ihnen?

APPIANI. Ja wohl; ich sollte mich schämen. — Aber wenn die Einbildungskraft einmal zu traurigen Bildern gestimmt ist —

EMILIA. Warum ist sie das auch? — Und was meinen Sie, das ich mir ausgedacht habe? — Was trug ich, wie sah ich aus, als ich Ihnen zuerst gefiel? — Wissen Sie es noch?

APPIANI. Ob ich es noch weiß? Ich sehe Sie in Gedanken nie anders, als so, und sehe Sie so, auch wenn ich Sie nicht so sehe.

EMILIA. Also ein Kleid von der nämlichen Farbe, von dem nämlichen Schnitte; fliegend und frei —

APPIANI. Vortrefflich!

EMILIA. Und das Haar —

APPIANI. In seinem eigenen braunen Glanze; in Locken, wie sie die Natur schlug—

EMILIA. Die Rose darin nicht zu vergessen! — Recht!
recht! — Eine kleine Geduld, und ich stehe so vor Ihnen da!

8. AUFTRITT

GRAF APPIANI. CLAUDIA GALOTTI

APPIANI (indem er ihr mit einer niedergeschlagenen
Miene nachsieht). Perlen bedeuten Tränen! — Eine kleine
5 Geduld? — Ja, wenn die Zeit nur außer uns wäre! — Wenn
eine Minute am Zeiger sich in uns nicht in Jahre ausdehnen
könnte! —
CLAUDIA. Emiliens Beobachtung, Herr Graf, war so
schnell als richtig. Sie sind heut' ernster als gewöhnlich.
10 Nur noch einen Schritt von dem Ziele Ihrer Wünsche, sollt'
es Sie reuen, Herr Graf, daß es das Ziel Ihrer Wünsche
gewesen?
APPIANI. Ah, meine Mutter, und Sie können das von
Ihrem Sohne argwohnen? — Aber es ist wahr, ich bin heut'
15 ungewöhnlich trübe und finster. — Nur sehen Sie, gnädige
Frau: — noch einen Schritt vom Ziele, oder noch gar nicht
ausgelaufen sein, ist im Grunde eines. — Alles, was ich sehe,
alles, was ich höre, alles, was ich träume, predigt mir seit
gestern und ehegestern diese Wahrheit. Dieser eine Ge-
20 danke kettet sich an jeden andern, den ich haben muß und
haben will. — Was ist das? Ich versteh' es nicht.
CLAUDIA. Sie machen mich unruhig, Herr Graf —
APPIANI. Eines kommt dann zum andern! — Ich bin
ärgerlich, ärgerlich über meine Freunde, über mich selbst —
25 CLAUDIA. Wieso?
APPIANI. Meine Freunde verlangen schlechterdings, daß
ich dem Prinzen von meiner Heirat ein Wort sagen soll, ehe
ich sie vollziehe. Sie geben mir zu, ich sei es nicht schuldig,
aber die Achtung gegen ihn wollt' es nicht anders. — Und
30 ich bin schwach genug gewesen, es ihnen zu versprechen.
Eben wollt' ich noch bei ihm vorfahren.
CLAUDIA (stutzig). Bei dem Prinzen?

9. AUFTRITT

PIRRO, gleich darauf MARINELLI und die VORIGEN

PIRRO. Gnädige Frau, der Marchese Marinelli hält vor
dem Hause und erkundigt sich nach dem Herrn Grafen.

APPIANI. Nach mir?

PIRRO. Hier ist er schon. (Öffnet ihm die Türe und geht ab.)

MARINELLI. Ich bitt' um Verzeihung, gnädige Frau. —
5 Mein Herr Graf, ich war vor Ihrem Hause und erfuhr, daß ich Sie hier treffen würde. Ich hab' ein dringendes Geschäft an Sie — Gnädige Frau, ich bitte nochmals um Verzeihung; es ist in einigen Minuten geschehen.

CLAUDIA. Die ich nicht verzögern will. (Macht ihm eine
10 Verbeugung und geht ab.)

10. AUFTRITT

MARINELLI. APPIANI

APPIANI. Nun, mein Herr?

MARINELLI. Ich komme von des Prinzen Durchlaucht.

APPIANI. Was ist zu seinem Befehl?

MARINELLI. Ich bin stolz, der Überbringer einer so vor-
15 züglichen Gnade zu sein. — Und wenn Graf Appiani nicht mit Gewalt einen seiner ergebensten Freunde in mir ver-
kennen will —

APPIANI. Ohne weitere Vorrede, wenn ich bitten darf.

MARINELLI. Auch das! — Der Prinz muß sogleich an
20 den Herzog von Massa, in Angelegenheit seiner Vermäh-
lung mit dessen Prinzessin Tochter, einen Bevollmächtigten senden. Er war lange unschlüssig, wen er dazu ernennen sollte. Endlich ist seine Wahl, Herr Graf, auf Sie gefallen.

APPIANI. Auf mich?

25 MARINELLI. Und das — wenn die Freundschaft ruhm-
redig sein darf — nicht ohne mein Zutun.

APPIANI. Wahrlich, Sie setzen mich wegen eines Dankes in Verlegenheit. — Ich habe schon längst nicht mehr erwartet, daß der Prinz mich zu brauchen geruhen werde.

30 MARINELLI. Ich bin versichert, daß es ihm bloß an einer würdigen Gelegenheit gemangelt hat. Und wenn auch diese so eines Mannes, wie Graf Appiani, noch nicht würdig genug sein sollte, so ist freilich meine Freundschaft zu voreilig gewesen.

35 APPIANI. Freundschaft und Freundschaft um das dritte Wort! — Mit wem red' ich denn? Des Marchese Marinelli Freundschaft hätt' ich mir nie träumen lassen.

MARINELLI. Ich erkenne mein Unrecht, Herr Graf, — mein unverzeihliches Unrecht, daß ich ohne Ihre Erlaubnis Ihr Freund sein wollen. — Bei dem allen, was tut das? Die Gnade des Prinzen, die Ihnen angetragene Ehre bleiben,
5 was sie sind, und ich zweifle nicht, Sie werden sie mit Begierd' ergreifen.

APPIANI (nach einiger Überlegung). Allerdings.

MARINELLI. Nun, so kommen Sie.

APPIANI. Wohin?

10 MARINELLI. Nach Dosalo, zu dem Prinzen. — Es liegt schon alles fertig, und Sie müssen noch heut' abreisen.

APPIANI. Was sagen Sie? — Noch heute?

MARINELLI. Lieber noch in dieser nämlichen Stunde, als in der folgenden. Die Sache ist von der äußersten Eil'.

15 APPIANI. In Wahrheit? — So tut es mir leid, daß ich die Ehre, welche mir der Prinz zugedacht, verbitten muß.

MARINELLI. Wie?

APPIANI. Ich kann heute nicht abreisen; — auch morgen nicht; — auch übermorgen noch nicht.

20 MARINELLI. Sie scherzen, Herr Graf.

APPIANI. Mit Ihnen?

MARINELLI. Unvergleichlich! Wenn der Scherz dem Prinzen gilt, so ist er um so viel lustiger. — Sie können nicht?

25 APPIANI. Nein, mein Herr, nein. — Und ich hoffe, daß der Prinz selbst meine Entschuldigung wird gelten lassen.

MARINELLI. Die bin ich begierig zu hören.

APPIANI. O, eine Kleinigkeit! — Sehen Sie, ich soll noch heut' eine Frau nehmen.

30 MARINELLI. Nun? und dann?

APPIANI. Und dann? — und dann? — Ihre Frage ist auch verzweifelt naiv.

MARINELLI. Man hat Exempel, Herr Graf, daß sich Hochzeiten aufschieben lassen. — Ich glaube freilich nicht,
35 daß der Braut oder dem Bräutigam immer damit gedient ist. Die Sache mag ihr Unangenehmes haben. Aber doch, dächt' ich, der Befehl des Herrn —

APPIANI. Der Befehl des Herrn? — des Herrn? Ein Herr, den man sich selber wählt, ist unser Herr so eigentlich
40 nicht — Ich gebe zu, daß Sie dem Prinzen unbedingtern Gehorsam schuldig wären. Aber nicht ich. — Ich kam an seinen Hof als ein Freiwilliger. Ich wollte die Ehre haben,

ihm zu dienen, aber nicht sein Sklave werden. Ich bin der
Vasall eines größern Herrn —

MARINELLI. Größer oder kleiner: Herr ist Herr.

APPIANI. Daß ich mit Ihnen darüber stritte! — Genug,
5 sagen Sie dem Prinzen, was Sie gehört haben: — daß es mir
leid tut, seine Gnade nicht annehmen zu können; weil ich
eben heut' eine Verbindung vollzöge, die mein ganzes
Glück ausmache.

MARINELLI. Wollen Sie ihn nicht zugleich wissen lassen,
10 mit wem?

APPIANI. Mit Emilia Galotti.

MARINELLI. Der Tochter aus diesem Hause?

APPIANI. Aus diesem Hause.

MARINELLI. Hm! hm!
15 APPIANI. Was beliebt?

MARINELLI. Ich sollte meinen, daß es sonach um so
weniger Schwierigkeit haben könne, die Zeremonie bis zu
Ihrer Zurückkunft auszusetzen.

APPIANI. Die Zeremonie? Nur die Zeremonie?
20 MARINELLI. Die guten Eltern werden es so genau nicht
nehmen.

APPIANI. Die guten Eltern?

MARINELLI. Und Emilia bleibt Ihnen ja wohl gewiß.

APPIANI. Ja wohl gewiß? — Sie sind mit Ihrem Ja wohl —
25 ja wohl ein ganzer Affe!

MARINELLI. Mir das, Graf?

APPIANI. Warum nicht?

MARINELLI. Himmel und Hölle! — Wir werden uns
sprechen.
30 APPIANI. Pah! Hämisch ist der Affe; aber —

MARINELLI. Tod und Verdammnis! — Graf, ich fordere
Genugtuung.

APPIANI. Das versteht sich.

MARINELLI. Und würde sie gleich jetzt nehmen; — nur
35 daß ich dem zärtlichen Bräutigam den heutigen Tag nicht
verderben mag.

APPIANI. Gutherziges Ding! Nicht doch! Nicht doch!
(Indem er ihn bei der Hand ergreift.) Nach Massa freilich
mag ich mich heute nicht schicken lassen; aber zu einem
40 Spaziergange mit Ihnen hab' ich Zeit übrig. — Kommen
Sie, kommen Sie!

MARINELLI (der sich losreißt und abgeht). Nur Geduld,
Graf, nur Geduld!

11. AUFTRITT

APPIANI. CLAUDIA GALOTTI

APPIANI. Geh, Nichtswürdiger! — Ha! das hat gut
getan. Mein Blut ist in Wallung gekommen. Ich fühle
mich anders und besser.

CLAUDIA (eiligst und besorgt). Gott! Herr Graf — Ich
5 hab' einen heftigen Wortwechsel gehört. — Ihr Gesicht
glüht. Was ist vorgefallen?

APPIANI. Nichts, gnädige Frau, gar nichts. Der Kammerherr Marinelli hat mir einen großen Dienst erwiesen.
Er hat mich des Ganges zum Prinzen überhoben.

10 CLAUDIA. In der Tat!

APPIANI. Wir können nun um so viel früher abfahren.
Ich gehe, meine Leute zu treiben, und bin sogleich wieder
hier. Emilia wird indes auch fertig.

CLAUDIA. Kann ich ganz ruhig sein, Herr Graf?

15 APPIANI. Ganz ruhig, gnädige Frau. (Sie geht herein
und er fort.)

DRITTER AUFZUG

1. AUFTRITT

DER PRINZ. MARINELLI

MARINELLI. Umsonst; er schlug die angetragene Ehre mit der größten Verachtung aus.

DER PRINZ. Und so bleibt es dabei? So geht es vor sich? So wird Emilia noch heute die seinige?

5 MARINELLI. Allem Ansehen nach.

DER PRINZ. Ich versprach mir von Ihrem Einfalle so viel! — Wer weiß, wie albern Sie sich dabei genommen.— Wenn der Rat eines Toren einmal gut ist, so muß ihn ein gescheiter Mann ausführen. Das hätt' ich bedenken sollen.

10 MARINELLI. Da find' ich mich schön belohnt!

DER PRINZ. Und wofür belohnt?

MARINELLI. Daß ich noch mein Leben darüber in die Schanze schlagen wollte. — Als ich sah, daß weder Ernst noch Spott den Grafen bewegen konnte, seine Liebe der

15 Ehre nachzusetzen, versucht' ich es, ihn in Harnisch zu jagen. Ich sagte ihm Dinge, über die er sich vergaß. Er stieß Beleidigungen gegen mich aus, und ich forderte Genugtuung — und forderte sie gleich auf der Stelle. — Ich dachte so: entweder er mich, oder ich ihn. Ich ihn: so

20 ist das Feld ganz unser. Oder er mich: nun, wenn auch, so muß er fliehen, und der Prinz gewinnt wenigstens Zeit.

DER PRINZ. Das hätten Sie getan, Marinelli?

MARINELLI. Ha! man sollt' es voraus wissen, wenn man so töricht bereit ist, sich für die Großen aufzuopfern — man

25 sollt' es voraus wissen, wie erkenntlich sie sein würden —

DER PRINZ. Und der Graf? — Er steht in dem Rufe, sich so etwas nicht zweimal sagen zu lassen.

MARINELLI. Nachdem es fällt; ohne Zweifel. — Wer kann es ihm verdenken? — Er versetzte, daß er auf heute

30 doch noch etwas Wichtigeres zu tun habe, als sich mit mir den Hals zu brechen. Und so beschied er mich auf die ersten acht Tage nach der Hochzeit.

DER PRINZ. Mit Emilia Galotti! Der Gedanke macht

30

mich rasend! — Darauf ließen Sie es gut sein und gingen — und kommen und prahlen, daß Sie Ihr Leben für mich in die Schanze geschlagen, sich mir aufgeopfert —

MARINELLI. Was wollen Sie aber, gnädiger Herr, das ich
5 weiter hätte tun sollen?

DER PRINZ. Weiter tun? — Als ob er etwas getan hätte!

MARINELLI. Und lassen Sie doch hören, gnädiger Herr, was Sie für sich selbst getan haben. — Sie waren so glücklich, sie noch in der Kirche zu sprechen. Was haben Sie mit
10 ihr abgeredet?

DER PRINZ (höhnisch). Neugierde zur Genüge! — die ich nur befriedigen muß. — O, es ging alles nach Wunsch. — Sie brauchen sich nicht weiter zu bemühen, mein allzu dienstfertiger Freund! — Sie kam meinem Verlangen mehr
15 als halbes Weges entgegen. Ich hätte sie nur gleich mitnehmen dürfen. (Kalt und befehlend.) Nun wissen Sie, was Sie wissen wollen; — und können gehn!

MARINELLI. „Und können gehn!" — Ja, ja; das ist das Ende vom Liede! — und würd' es sein, gesetzt auch, ich
20 wollte noch das Unmögliche versuchen. — Das Unmögliche, sag' ich? — So unmöglich wär' es nun wohl nicht, aber kühn! — Wenn wir die Braut in unserer Gewalt hätten, so stünd' ich dafür, daß aus der Hochzeit nichts werden sollte.

DER PRINZ. Ei! wofür der Mann nicht alles stehen will!
25 Nun dürft' ich ihm nur noch ein Kommando von meiner Leibwache geben, und er legte sich an der Landstraße damit in Hinterhalt und fiel' selbfünfziger einen Wagen an und riss' ein Mädchen heraus, das er im Triumphe mir zubrächte.

MARINELLI. Es ist eher ein Mädchen mit Gewalt ent-
30 führt worden, ohne daß es einer gewaltsamen Entführung ähnlich gesehen.

DER PRINZ. Wenn Sie das zu machen wüßten, so würden Sie nicht erst lange davon schwatzen.

MARINELLI. Aber für den Ausgang müßte man nicht
35 stehen sollen. — Es könnten sich Unglücksfälle dabei ereignen —

DER PRINZ. Und es ist meine Art, daß ich Leute Dinge verantworten lasse, wofür sie nicht können!

MARINELLI. Also, gnädiger Herr — (Man hört von
40 weitem einen Schuß.) Ha! was war das? — Hört' ich recht? — Hörten Sie nicht auch, gnädiger Herr, einen Schuß fallen? — Und da noch einen!

DER PRINZ. Was ist das? was gibt's?

MARINELLI. Was meinen Sie wohl? — Wie, wenn ich tätiger wäre, als Sie glauben?

DER PRINZ. Tätiger? — So sagen Sie doch —

5 MARINELLI. Kurz: wovon ich gesprochen, geschieht.

DER PRINZ. Ist es möglich?

MARINELLI. Nur vergessen Sie nicht, Prinz, wessen Sie mich eben versichert. — Ich habe nochmals Ihr Wort —

DER PRINZ. Aber die Anstalten sind doch so —

10 MARINELLI. Als sie nur immer sein können! — Die Ausführung ist Leuten anvertraut, auf die ich mich verlassen kann. Der Weg geht hart an der Planke des Tiergartens vorbei. Da wird ein Teil den Wagen angefallen haben, gleichsam um ihn zu plündern. Und ein andrer Teil, wobei

15 einer von meinen Bedienten ist, wird aus dem Tiergarten gestürzt sein, den Angefallenen gleichsam zur Hilfe. Während des Handgemenges, in das beide Teile zum Schein geraten, soll mein Bedienter Emilien ergreifen, als ob er sie retten wolle, und durch den Tiergarten in das

20 Schloß bringen. — So ist die Abrede. — Was sagen Sie nun, Prinz?

DER PRINZ. Sie überraschen mich auf eine sonderbare Art. — Und eine Bangigkeit überfällt mich — (Marinelli tritt an das Fenster.) Wonach sehen Sie?

25 MARINELLI. Dahinaus muß es sein! — Recht! — und eine Maske kommt bereits um die Planke gesprengt; — ohne Zweifel, mir den Erfolg zu berichten. — Entfernen Sie sich, gnädiger Herr.

DER PRINZ. Ah, Marinelli —

30 MARINELLI. Nun? Nicht wahr, nun hab' ich zu viel getan; und vorhin zu wenig?

DER PRINZ. Das nicht. Aber ich sehe bei alledem nicht ab —

MARINELLI. Absehn? — Lieber alles mit eins! — Ge-

35 schwind entfernen Sie sich. — Die Maske muß Sie nicht sehen. (Der Prinz geht ab.)

2. AUFTRITT

MARINELLI und bald darauf ANGELO

MARINELLI (der wieder nach dem Fenster geht). Dort fährt der Wagen langsam nach der Stadt zurück. — So

langsam? Und in jedem Schlage ein Bedienter? — Das sind
Anzeichen, die mir nicht gefallen: — daß der Streich wohl
nur halb gelungen ist; — daß man einen Verwundeten
gemächlich zurückführt — und keinen Toten. — Die
5 Maske steigt ab. — Es ist Angelo selbst. Der Tolldreiste! —
Endlich, hier weiß er die Schliche. — Er winkt mir zu. Er
muß seiner Sache gewiß sein. — Ha, Herr Graf, der Sie
nicht nach Massa wollten, und nun noch einen weitern Weg
müssen! — Wer hatte Sie die Affen so kennen gelehrt?
10 (Indem er nach der Türe zugeht.) Ja wohl sind die hämisch.
— Nun, Angelo?

ANGELO (der die Maske abgenommen). Passen Sie auf,
Herr Kammerherr! Man muß sie gleich bringen.

MARINELLI. Und wie lief es sonst ab?

15 ANGELO. Ich denke ja, recht gut.

MARINELLI. Wie steht es mit dem Grafen?

ANGELO. Zu dienen! So, so! — Aber er muß Wind
gehabt haben. Denn er war nicht so ganz unbereitet.

MARINELLI. Geschwind sage mir, was du mir zu sagen
20 hast! — Ist er tot?

ANGELO. Es tut mir leid um den guten Herrn.

MARINELLI. Nun da, für dein mitleidiges Herz! (Gibt
ihm einen Beutel mit Gold.)

ANGELO. Vollends mein braver Nicolo! der das Bad mit
25 bezahlen müssen.

MARINELLI. So? Verlust auf beiden Seiten?

ANGELO. Ich könnte weinen um den ehrlichen Jungen!
Ob mir sein Tod schon das (indem er den Beutel in der
Hand wiegt) um ein Vierteil verbessert. Denn ich bin sein
30 Erbe, weil ich ihn gerächt habe. Das ist so unser Gesetz:
ein so gutes, mein' ich, als für Treu' und Freundschaft je
gemacht worden. Dieser Nicolo, Herr Kammerherr —

MARINELLI. Mit deinem Nicolo! — Aber der Graf, der
Graf —

35 ANGELO. Blitz! der Graf hatte ihn gut gefaßt. Dafür
faßt' ich auch wieder den Grafen! — Er stürzte; und wenn
er noch lebendig zurück in die Kutsche kam, so steh' ich
dafür, daß er nicht lebendig wieder herauskommt.

MARINELLI. Wenn das nur gewiß ist, Angelo.

40 ANGELO. Ich will Ihre Kundschaft verlieren, wenn es
nicht gewiß ist! — Haben Sie noch was zu befehlen? Denn

mein Weg ist der weiteste: wir wollen heute noch über die
mrenze.

MARINELLI. So geh'!

ANGELO. Wenn wieder was vorfällt, Herr Kammerherr,
— Sie wissen, wo ich zu erfragen bin. Was sich ein andrer
zu tun getraut, wird für mich auch keine Hexerei sein. Und
billiger bin ich, als jeder andere. (Geht ab.)

MARINELLI. Gut das! — Aber doch nicht so recht gut.
— Pfui, Angelo! so ein Knicker zu sein! Einen zweiten
Schuß wäre er ja wohl noch wert gewesen. — Und wie er
sich vielleicht nun martern muß, der arme Graf! — Pfui,
Angelo! Das heißt sein Handwerk sehr grausam treiben —
und verpfuschen. — Aber davon muß der Prinz noch nichts
wissen. Er muß erst selbst finden, wie zuträglich ihm dieser
Tod ist. — Dieser Tod! — Was gäb' ich um die Gewißheit! —

3. AUFTRITT

DER PRINZ. MARINELLI

DER PRINZ. Dort kommt sie die Allee herauf. Sie eilt
vor dem Bedienten her. Die Furcht, wie es scheint, be-
flügelt ihre Füße. Sie muß noch nichts argwohnen. Sie
glaubt sich nur vor Räubern zu retten. — Aber wie lange
kann das dauern?

MARINELLI. So haben wir sie doch vors erste.

DER PRINZ. Und wird die Mutter sie nicht aufsuchen?
Wird der Graf ihr nicht nachkommen? Was sind wir
alsdenn weiter? Wie kann ich sie ihnen vorenthalten?

MARINELLI. Auf das alles weiß ich freilich noch nichts
zu antworten. Aber wir müssen sehen. Gedulden Sie sich,
gnädiger Herr. Der erste Schritt mußte doch getan sein.

DER PRINZ. Wozu? wenn wir ihn zurücktun müssen.

MARINELLI. Vielleicht müssen wir nicht. — Da sind tau-
send Dinge, auf die sich weiter fußen läßt. — Und vergessen
Sie denn das Vornehmste?

DER PRINZ. Wie kann ich vergessen, woran ich sicher
noch nicht gedacht habe? — Das Vornehmste? was ist das?

MARINELLI. Die Kunst, zu gefallen, zu überreden, — die
einem Prinzen, welcher liebt, nie fehlt.

DER PRINZ. Nie fehlt? Außer, wo er sie gerade am
nötigsten brauchte. — Ich habe von dieser Kunst schon heut'

einen zu schlechten Versuch gemacht. Mit allen Schmeche-
leien und Beteuerungen konnt' ich ihr auch nicht ein
Wort auspressen. Stumm und niedergeschlagen und zitternd
stand sie da, wie eine Verbrecherin, die ihr Todesurteil
5 hört. Ihre Angst steckte mich an, ich zitterte mit und
schloß mit einer Bitte um Vergebung. Kaum getrau' ich
mir, sie wieder anzureden. — Bei ihrem Eintritte wenigstens
wag' ich es nicht zu sein. Sie, Marinelli, müssen sie empfangen. Ich will hier in der Nähe hören, wie es abläuft,
10 und kommen, wenn ich mich mehr gesammelt habe.

4. AUFTRITT

MARINELLI und bald darauf dessen Bedienter BATTISTA mit EMILIEN

MARINELLI. Wenn sie ihn nicht selbst stürzen gesehen —
Und das muß sie wohl nicht, da sie so fortgeeilt — Sie
kommt. Auch ich will nicht das erste sein, was ihr hier in
die Augen fällt. (Er zieht sich in einen Winkel des Saales
15 zurück.)
BATTISTA. Nur hier herein, gnädiges Fräulein.
EMILIA (außer Atem.) Ah! — Ah! — Ich danke Ihm,
mein Freund; — ich dank' Ihm — Aber Gott, Gott!
wo bin ich? — Und so ganz allein? Wo bleibt meine Mutter?
20 Wo blieb der Graf? — Sie kommen doch nach? mir auf
dem Fuße nach?
BATTISTA. Ich vermute.
EMILIA. Er vermutet? Er weiß es nicht? Er sah sie
nicht — Ward nicht gar hinter uns geschossen? —
25 BATTISTA. Geschossen? — Das wäre! —
EMILIA. Ganz gewiß! Und das hat den Grafen oder
meine Mutter getroffen. —
BATTISTA. Ich will gleich nach ihnen ausgehen.
EMILIA. Nicht ohne mich. — Ich will mit; ich muß mit:
30 komm' Er, mein Freund!
MARINELLI (der plötzlich herzutritt, als ob er eben
hereinkäme). Ah, gnädiges Fräulein! Was für ein Unglück,
oder vielmehr, was für ein Glück, — was für ein glückliches
Unglück verschafft uns die Ehre —
35 EMILIA (stutzend). Wie? Sie hier, mein Herr? — Ich bin
also wohl bei Ihnen? — Verzeihen Sie, Herr Kammerherr.
Wir sind von Räubern unfern überfallen worden. Da

kamen uns gute Leute zu Hilfe; — und dieser ehrliche Mann
hob mich aus dem Wagen und brachte mich hierher. — Aber
ich erschrecke, mich allein gerettet zu sehen. Meine Mutter
ist noch in der Gefahr. Hinter uns ward sogar geschossen.

5 Sie ist vielleicht tot; — und ich lebe? — Verzeihen Sie. Ich
muß fort; ich muß wieder hin, — wo ich gleich hätte bleiben
sollen.

MARINELLI. Beruhigen Sie sich, gnädiges Fräulein. Es
steht alles gut; sie werden bald bei Ihnen sein, die geliebten

10 Personen, für die Sie so viel zärtliche Angst empfinden. —
Indes, Battista, geh', lauf': sie dürften vielleicht nicht wissen,
wo das Fräulein ist. Sie dürften sie vielleicht in einem von
den Wirtschaftshäusern des Gartens suchen. Bringe sie
unverzüglich hierher. (Battista geht ab.)

15 EMILIA. Gewiß? Sind sie alle geborgen? ist ihnen nichts
widerfahren? — Ah, was ist dieser Tag für ein Tag des
Schreckens für mich! — Aber ich sollte nicht hier bleiben;
ich sollte ihnen entgegeneilen —

MARINELLI. Wozu das, gnädiges Fräulein? Sie sind

20 ohnedem schon ohne Atem und Kräfte. Erholen Sie sich
vielmehr und geruhen, in ein Zimmer zu treten, wo mehr
Bequemlichkeit ist. — Ich will wetten, daß der Prinz schon
selbst um Ihre teuere, ehrwürdige Mutter ist und sie Ihnen
zuführt.

25 EMILIA. Wer, sagen Sie?

MARINELLI. Unser gnädigster Prinz selbst.

EMILIA (äußerst bestürzt). Der Prinz?

MARINELLI. Er floh auf die erste Nachricht Ihnen zu
Hilfe. — Er ist höchst ergrimmt, daß ein solches Verbrechen

30 ihm so nahe, unter seinen Augen gleichsam, hat dürfen
gewagt werden. Er läßt den Tätern nachsetzen, und ihre
Strafe, wenn sie ergriffen werden, wird unerhört sein.

EMILIA. Der Prinz! — Wo bin ich denn also?

MARINELLI. Auf Dosalo, dem Lustschlosse des Prinzen.

35 EMILIA. Welch ein Zufall! — Und Sie glauben, daß er
gleich selbst erscheinen könne? — Aber doch in Gesell-
schaft meiner Mutter?

MARINELLI. Hier ist er schon.

5. AUFTRITT

DER PRINZ. EMILIA. MARINELLI

DER PRINZ. Wo ist sie? wo? — Wir suchen Sie überall, schönstes Fräulein. — Sie sind doch wohl? — Nun, so ist alles wohl! Der Graf, Ihre Mutter —

EMILIA. Ah, gnädigster Herr! wo sind sie? Wo ist meine Mutter?

DER PRINZ. Nicht weit; hier ganz in der Nähe.

EMILIA. Gott, in welchem Zustande werde ich die eine oder den andern vielleicht treffen! Ganz gewiß treffen! — Denn Sie verhehlen mir, gnädiger Herr — ich seh' es, Sie verhehlen mir —

DER PRINZ. Nicht doch, bestes Fräulein. — Geben Sie mir Ihren Arm und folgen Sie mir getrost.

EMILIA (unentschlossen). Aber — wenn ihnen nichts widerfahren — wenn meine Ahnungen mich trügen: — warum sind sie nicht schon hier? Warum kamen sie nicht mit Ihnen, gnädiger Herr?

DER PRINZ. So eilen Sie doch, mein Fräulein, alle diese Schreckenbilder mit eins verschwinden zu sehen. —

EMILIA. Was soll ich tun? (Die Hände ringend.)

DER PRINZ. Wie, mein Fräulein? Sollten Sie einen Verdacht gegen mich hegen? —

EMILIA (die vor ihm niederfällt). Zu Ihren Füßen, gnädiger Herr —

DER PRINZ (sie aufhebend). Ich bin äußerst beschämt. — Ja, Emilia, ich verdiene diesen stummen Vorwurf. — Mein Betragen diesen Morgen ist nicht zu rechtfertigen, — zu entschuldigen höchstens. Verzeihen Sie meiner Schwachheit. — Ich hätte Sie mit keinem Geständnisse beunruhigen sollen, von dem ich keinen Vorteil zu erwarten habe. Auch ward ich durch die sprachlose Bestürzung, mit der Sie es anhörten, oder vielmehr nicht anhörten, genugsam bestraft. — Und könnt' ich schon diesen Zufall, der mir nochmals, ehe alle meine Hoffnung auf ewig verschwindet, — mir nochmals das Glück, Sie zu sehen und zu sprechen, verschafft, könnt' ich schon diesen Zufall für den Wink eines günstigen Glückes erklären, — für den wunderbarsten Aufschub meiner endlichen Verurteilung erklären, um nochmals um Gnade flehen zu dürfen: so will ich doch —

beben Sie nicht, mein Fräulein — einzig und allein von
Ihrem Blicke abhängen. Kein Wort, kein Seufzer soll Sie
beleidigen. — Nur kränke mich nicht Ihr Mißtrauen. Nur
zweifeln Sie keinen Augenblick an der unumschränktesten
5   Gewalt, die Sie über mich haben. Nur falle Ihnen nie bei,
daß Sie eines andern Schutzes gegen mich bedürfen. —
Und nun kommen Sie, mein Fräulein, — kommen Sie, wo
Entzückungen auf Sie warten, die Sie mehr billigen. (Er
führt sie, nicht ohne Sträuben, ab.) Folgen Sie uns,
10   Marinelli. —

     MARINELLI. Folgen Sie uns, — das mag heißen; folgen
Sie uns nicht! — Was hätte ich ihnen auch zu folgen? Er
mag sehen, wie weit er es unter vier Augen mit ihr bringt.
— Alles, was ich zu tun habe, ist, — zu verhindern, daß sie
15   nicht gestört werden. Von dem Grafen zwar, hoffe ich
nun wohl nicht. Aber von der Mutter; von der Mutter!
Es sollte mich sehr wundern, wenn die so ruhig abgezogen
wäre und ihre Tochter im Stiche gelassen hätte. — Nun,
Battista? was gibt's?

6. AUFTRITT

BATTISTA. MARINELLI.

20   BATTISTA (eiligst). Die Mutter, Herr Kammerherr —
     MARINELLI. Dacht' ich's doch! — Wo ist sie?
     BATTISTA. Wenn Sie ihr nicht zuvorkommen, so wird sie
den Augenblick hier sein. — Ich war gar nicht willens,
wie Sie mir zum Schein geboten, mich nach ihr umzusehen:
25   als ich ihr Geschrei von weitem hörte. Sie ist der Tochter
auf der Spur; und wo nur nicht — unserm ganzen An-
schlage! Alles, was in dieser einsamen Gegend von Menschen ist, hat sich um sie versammelt, und jeder will der
sein, der ihr den Weg weist. Ob man ihr schon gesagt, daß
30   der Prinz hier ist, daß Sie hier sind, weiß ich nicht. — Was
wollen Sie tun?
     MARINELLI. Laß sehen! — (Er überlegt.) Sie nicht ein-
lassen, wenn sie weiß, daß die Tochter hier ist? — Das geht
nicht. — Freilich, sie wird Augen machen, wenn sie den
35   Wolf bei dem Schäfchen sieht. — Augen? Das möchte noch
sein. Aber der Himmel sei unsern Ohren gnädig! — Nun
was? die beste Lunge erschöpft sich, auch sogar eine
weibliche. Sie hören alle auf zu schreien, wenn sie nicht

mehr können. — Dazu, es ist doch einmal die Mutter, die
wir auf unsrer Seite haben müssen. — Wenn ich die Mütter
recht kenne: — so etwas von einer Schwiegermutter eines
Prinzen zu sein, schmeichelt den meisten. — Laß sie
5 kommen, Battista, laß sie kommen!

BATTISTA. Hören Sie! hören Sie!

CLAUDIA GALOTTI (innerhalb). Emilia! Emilia! Mein
Kind, wo bist du?

MARINELLI. Geh', Battista, und suche nur ihre neugieri-
10 gen Begleiter zu entfernen.

7. AUFTRITT

CLAUDIA GALOTTI. BATTISTA. MARINELLI

CLAUDIA (die in die Türe tritt, indem Battista her-
ausgehen will). Ha! der hob sie aus dem Wagen! — Der
führte sie fort! — Ich erkenne dich. Wo ist sie? Sprich,
Unglücklicher!

15 BATTISTA. Das ist mein Dank?

CLAUDIA. O, wenn du Dank verdienst: (in einem gelinden
Tone) — so verzeihe mir, ehrlicher Mann! — Wo ist sie?
Laßt mich sie nicht länger entbehren. Wo ist sie?

BATTISTA. O, Ihre Gnaden, sie könnte in dem Schoße
20 der Seligkeit nicht aufgehobner sein. — Hier mein Herr
wird Ihre Gnaden zu ihr führen. (Gegen einige Leute,
welche nachdringen wollen.) Zurück da! ihr!

8. AUFTRITT

CLAUDIA GALOTTI. MARINELLI

CLAUDIA. Dein Herr? — (Erblickt den Marinelli und
fährt zurück.) Ha! — Das dein Herr? — Sie hier, mein
25 Herr? Und hier meine Tochter? Und Sie, Sie sollen mich zu
ihr führen?

MARINELLI. Mit vielem Vergnügen, gnädige Frau.

CLAUDIA. Halten Sie! — Eben fällt mir es bei — Sie
waren es ja — nicht? — der den Grafen diesen Morgen in
30 meinem Hause aufsuchte? mit dem ich ihn allein ließ? mit
dem er Streit bekam?

MARINELLI. Streit? — Was ich nicht wüßte: ein unbe-

deutender Wortwechsel in herrschaftlichen Angelegen-
heiten —

CLAUDIA. Und Marinelli heißen Sie?

MARINELLI. Marchese Marinelli.

CLAUDIA. So ist es richtig. — Hören Sie doch, Herr
Marchese. — Marinelli war — der Name Marinelli war —
begleitet mit einer Verwünschung — nein, daß ich den edlen
Mann nicht verleumde! — begleitet mit keiner Verwün-
schung — die Verwünschung denk' ich hinzu — der Name
Marinelli war das letzte Wort des sterbenden Grafen.

MARINELLI. Des sterbenden Grafen? Grafen Appiani?
— Sie hören, gnädige Frau, was mir in Ihrer seltsamen Rede
am meisten auffällt. — Des sterbenden Grafen? — Was Sie
sonst sagen wollen, versteh' ich nicht.

CLAUDIA (bitter und langsam). Der Name Marinelli war
das letzte Wort des sterbenden Grafen! — Verstehen Sie
nun? — Ich verstand es erst auch nicht, obschon mit einem
Tone gesprochen — mit einem Tone! Ich höre ihn noch!
Wo waren meine Sinne, daß sie diesen Ton nicht sogleich
verstanden?

MARINELLI. Nun, gnädige Frau? — Ich war von jeher
des Grafen Freund, sein vertrautester Freund. Also, wenn
er mich noch im Sterben nannte —

CLAUDIA. Mit dem Tone? — Ich kann ihn nicht nach-
machen; ich kann ihn nicht beschreiben: aber er enthielt
alles! alles! — Was? Räuber wären es gewesen, die uns
anfielen? — Mörder waren es, erkaufte Mörder! — Und
Marinelli, Marinelli war das letzte Wort des sterbenden
Grafen! Mit einem Tone!

MARINELLI. Mit einem Tone? — Ist es erhört, auf einen
Ton, in einem Augenblicke des Schreckens vernommen, die
Anklage eines rechtschaffnen Mannes zu gründen?

CLAUDIA. Ha, könnt' ich ihn nur vor Gericht stellen,
diesen Ton! — Doch, weh mir! Ich vergesse darüber meine
Tochter. — Wo ist sie? — Wie? auch tot? — Was konnte
meine Tochter dafür, daß Appiani dein Feind war?

MARINELLI. Ich verzeihe der bangen Mutter. — Kommen
Sie, gnädige Frau — Ihre Tochter ist hier, in einem von
den nächsten Zimmern, und hat sich hoffentlich von ihrem
Schrecken schon völlig erholt. Mit der zärtlichsten Sorg-
falt ist der Prinz selbst um sie beschäftigt —

CLAUDIA. Wer? — Wer selbst?

MARINELLI. Der Prinz.

CLAUDIA. Der Prinz? — Sagen Sie wirklich: der Prinz? — Unser Prinz?

MARINELLI. Welcher sonst?

CLAUDIA. Nun dann! — Ich unglückselige Mutter! — Und ihr Vater! ihr Vater! — Er wird den Tag ihrer Geburt verfluchen. Er wird mich verfluchen.

MARINELLI. Um des Himmels willen, gnädige Frau! Was fällt Ihnen nun ein?

CLAUDIA. Es ist klar! — Ist es nicht? — Heute, im Tempel! vor den Augen der Allerreinsten! in der nähern Gegenwart des Ewigen! — begann das Bubenstück; da brach es aus! (Gegen den Marinelli.) Ha, Mörder! feiger, elender Mörder! Nicht tapfer genug, mit eigner Hand zu morden: aber nichtswürdig genug, zu Befriedigung eines fremden Kitzels zu morden! — morden zu lassen! — Abschaum aller Mörder! — Was ehrliche Mörder sind, werden dich unter sich nicht dulden! Dich! Dich! — Denn warum soll ich dir nicht alle meine Galle, allen meinen Geifer mit einem einzigen Worte ins Gesicht speien? — Dich! Dich Kuppler!

MARINELLI. Sie schwärmen, gute Frau. — Aber mäßigen Sie wenigstens Ihr wildes Geschrei und bedenken Sie, wo Sie sind.

CLAUDIA. Wo ich bin? Bedenken, wo ich bin? — Was kümmert es die Löwin, der man die Jungen geraubt, in wessen Walde sie brüllt?

EMILIA (innerhalb). Ha, meine Mutter! Ich höre meine Mutter!

CLAUDIA. Ihre Stimme? Das ist sie! Sie hat mich gehört; sie hat mich gehört. Und ich sollte nicht schreien? — Wo bist du, mein Kind? Ich komme, ich komme! (Sie stürzt in das Zimmer und Marinelli ihr nach.)

VIERTER AUFZUG

DIE SZENE BLEIBT

1. AUFTRITT

DER PRINZ. MARINELLI

DER PRINZ (als aus dem Zimmer von Emilien kommend). Kommen Sie, Marinelli! Ich muß mich erholen — und muß Licht von Ihnen haben.

MARINELLI. O der mütterlichen Wut! Ha! ha! ha!

5 DER PRINZ. Sie lachen?

MARINELLI. Wenn Sie gesehen hätten, Prinz, wie toll sich hier, hier im Saale, die Mutter gebärdete — Sie hörten sie ja wohl schreien! — und wie zahm sie auf einmal ward bei dem ersten Anblicke von Ihnen — Ha! ha! — Das weiß ich ja
10 wohl, daß keine Mutter einem Prinzen die Augen auskratzt, weil er ihre Tochter schön findet.

DER PRINZ. Sie sind ein schlechter Beobachter! — Die Tochter stürzte der Mutter ohnmächtig in die Arme. Darüber vergaß die Mutter ihre Wut, nicht über mich. Ihre
15 Tochter schonte sie, nicht mich, wenn sie es nicht lauter, nicht deutlicher sagte, — was ich lieber selbst nicht gehört, nicht verstanden haben will.

MARINELLI. Was, gnädiger Herr?

DER PRINZ. Wozu die Verstellung? — Heraus damit.
20 Ist es wahr? oder ist es nicht wahr?

MARINELLI. Und wenn es denn wäre!

DER PRINZ. Wenn es denn wäre? — Also ist es? — Er ist tot? tot? — (drohend) Marinelli! Marinelli!

MARINELLI. Nun?

25 DER PRINZ. Bei Gott! bei dem allgerechten Gott! ich bin unschuldig an diesem Blute. — Wenn Sie mir vorher gesagt hätten, daß es dem Grafen das Leben kosten werde — Nein, nein! und wenn es mir selbst das Leben gekostet hätte! —

MARINELLI. Wenn ich Ihnen vorher gesagt hätte? — Als
30 ob sein Tod in meinem Plane gewesen wäre! Ich hatte es dem Angelo auf die Seele gebunden, zu verhüten, daß niemandem Leides geschähe. Es würde auch ohne die geringste Gewalttätigkeit abgelaufen sein, wenn sich der Graf nicht

die erste erlaubt hätte. Er schoß Knall und Fall den einen
nieder.

DER PRINZ. Wahrlich; er hätte sollen Spaß verstehen!

MARINELLI. Daß Angelo sodann in Wut kam und den
Tod seines Gefährten rächte —

DER PRINZ. Freilich, das ist sehr natürlich!

MARINELLI. Ich hab' es ihm genug verwiesen.

DER FRINZ. Verwiesen? Wie freundschaftlich! — Warnen
Sie ihn, daß er sich in meinem Gebiete nicht betreten läßt.
Mein Verweis möchte so freundschaftlich nicht sein.

MARINELLI. Recht wohl! — Ich und Angelo, Vorsatz
und Zufall: alles ist eins. — Zwar ward es voraus bedungen,
zwar ward es voraus versprochen, daß keiner der Unglücksfälle, die sich dabei ereignen könnten, mir zuschulden
kommen solle —

DER PRINZ. Die sich dabei ereignen — könnten, sagen
Sie? oder sollten?

MARINELLI. Immer besser! — Doch, gnädiger Herr, —
ehe Sie mir es mit dem trocknen Worte sagen, wofür Sie
mich halten — eine einzige Vorstellung! Der Tod des
Grafen ist mir nichts weniger als gleichgültig. Ich hatte ihn
ausgefordert; er war mir Genugtuung schuldig; er ist ohne
diese aus der Welt gegangen, und meine Ehre bleibt beleidigt. Gesetzt, ich verdiente unter jeden andern Umständen den Verdacht, den Sie gegen mich hegen: aber auch
unter diesen? — (Mit einer angenommenen Hitze.) Wer das
von mir denken kann!

DER PRINZ (nachgebend). Nun gut, nun gut —

MARINELLI. Daß er noch lebte! O, daß er noch lebte!
Alles, alles in der Welt wollte ich darum geben — (bitter)
selbst die Gnade meines Prinzen, — diese unschätzbare, nie
zu verscherzende Gnade — wollt' ich drum geben!

DER PRINZ. Ich verstehe. — Nun gut, nun gut. Sein Tod
war Zufall, bloßer Zufall. Sie versichern es, und ich, ich
glaub' es. — Aber wer mehr? Auch die Mutter? Auch
Emilia? — Auch die Welt?

MARINELLI (kalt). Schwerlich.

DER PRINZ. Und wenn man es nicht glaubt, was wird
man denn glauben? — Sie zucken die Achsel? — Ihren Angelo wird man für das Werkzeug und mich für den Täter
halten —

MARINELLI (noch kälter). Wahrscheinlich genug!

DER PRINZ. Mich! mich selbst! — Oder ich muß von Stund' an alle Absicht auf Emilien aufgeben —

MARINELLI (höchst gleichgültig). Was Sie auch gemußt hätten — wenn der Graf noch lebte.

5   DER PRINZ (heftig, aber sich gleich wieder fassend). Marinelli! — Doch, Sie sollen mich nicht wild machen. — Es sei so — Es ist so! Und das wollen Sie doch nur sagen; der Tod des Grafen ist für mich ein Glück — das größte Glück, was mir begegnen konnte, — das einzige Glück, was meiner 10 Liebe zu statten kommen konnte. Und als dieses, — mag er doch geschehen sein, wie er will! — Ein Graf mehr in der Welt oder weniger! Denke ich Ihnen so recht? — Topp! auch ich erschrecke vor einem kleinen Verbrechen nicht. Nur, guter Freund, muß es ein kleines stilles Verbrechen, ein 15 kleines heilsames Verbrechen sein. Und sehen Sie, unseres da wäre nun gerade weder stille noch heilsam. Es hätte den Weg zwar gereinigt, aber zugleich gesperrt. Jedermann würde es uns auf den Kopf zusagen, — und leider hätten wir es gar nicht einmal begangen! — Das liegt doch wohl nur 20 bloß an Ihren weisen, wunderbaren Anstalten?

MARINELLI. Wenn Sie so befehlen —

DER PRINZ. Woran sonst? — Ich will Rede!

MARINELLI. Es kommt mehr auf meine Rechnung, was nicht darauf gehört.

25   DER PRINZ. Rede will ich!

MARINELLI. Nun dann! Was läge an meinen Anstalten, daß den Prinzen bei diesem Unfalle ein so sichtbarer Verdacht trifft? — An dem Meisterstreiche liegt das, den er selbst meinen Anstalten mit einzumengen die Gnade hatte.

30   DER PRINZ. Ich?

MARINELLI. Er erlaube mir, ihm zu sagen, daß der Schritt, den er heute morgen in der Kirche getan, — mit so vielem Anstande er ihn auch getan, — so unvermeidlich er ihn auch tun mußte — daß dieser Schritt dennoch nicht in den Tanz 35 gehörte.

DER PRINZ. Was verdarb er denn auch?

MARINELLI. Freilich nicht den ganzen Tanz, aber doch für jetzt den Takt.

DER PRINZ. Hm! Versteh' ich Sie?

40   MARINELLI. Also, kurz und einfältig. Da ich die Sache übernahm, nicht wahr, da wußte Emilia von der Liebe des Prinzen noch nichts? Emiliens Mutter noch weniger. Wenn

ich nun auf diesen Umstand baute? und der Prinz indes den
Grund meines Gebäudes untergrub?

DER PRINZ (sich vor die Stirn schlagend). Verwünscht!

MARINELLI. Wenn er es nun selbst verriet, was er im
Schilde führe?

DER PRINZ. Verdammter Einfall!

MARINELLI. Und wenn er es nicht selbst verraten hätte?
— Traun! Ich möchte doch wissen, aus welcher meiner Anstalten Mutter oder Tochter den geringsten Argwohn gegen
ihn schöpfen könnte?

DER PRINZ. Daß Sie recht haben!

MARINELLI. Daran tu' ich freilich sehr unrecht — Sie
werden verzeihen, gnädiger Herr. —

2. AUFTRITT

BATTISTA. DER PRINZ. MARINELLI

BATTISTA (eiligst). Eben kommt die Gräfin an.

DER PRINZ. Die Gräfin? Was für eine Gräfin?

BATTISTA. Orsina.

DER PRINZ. Orsina? — Marinelli! — Orsina? — Marinelli!

MARINELLI. Ich erstaune darüber nicht weniger als Sie
selbst.

DER PRINZ. Geh', lauf', Battista, sie soll nicht aussteigen.
Ich bin nicht hier. Ich bin für sie nicht hier. Sie soll augen-
blicklich wieder umkehren. Geh', lauf'! (Battista geht ab.)
Was will die Närrin? Was untersteht sie sich? Wie weiß sie,
daß wir hier sind? Sollte sie wohl auf Kundschaft kommen?
Sollte sie wohl schon etwas vernommen haben? — Ah,
Marinelli! So reden Sie, so antworten Sie doch! — Ist er
beleidigt, der Mann, der mein Freund sein will? Und durch
einen elenden Wortwechsel beleidigt? Soll ich ihn um
Verzeihung bitten?

MARINELLI. Ah, mein Prinz, so bald Sie wieder Sie sind,
bin ich mit ganzer Seele wieder der Ihrige! — Die Ankunft
der Orsina ist mir ein Rätsel, wie Ihnen. Doch abweisen
wird sie schwerlich sich lassen. Was wollen Sie tun?

DER PRINZ. Sie durchaus nicht sprechen, mich entfernen —

MARINELLI. Wohl! und nur geschwind. Ich will sie
empfangen —

DER PRINZ. Aber bloß, um sie gehen zu heißen. — Weiter
geben Sie mit ihr sich nicht ab. Wir haben andere Dinge
hier zu tun —

MARINELLI. Nicht doch, Prinz! Diese andern Dinge sind
getan. Fassen Sie doch Mut! Was noch fehlt, kommt
sicherlich von selbst. — Aber hör' ich sie nicht schon? —
Eilen Sie, Prinz! — Da (auf ein Kabinett zeigend, in welches
sich der Prinz begibt), wenn Sie wollen, werden Sie uns
hören können. — Ich fürchte, ich fürchte, sie ist nicht zu
ihrer besten Stunde ausgefahren.

3. AUFTRITT

DIE GRÄFIN ORSINA. MARINELLI

ORSINA (ohne den Marinelli anfangs zu erblicken). Was
ist das? — Niemand kommt mir entgegen, außer ein Unver-
schämter, der mir lieber gar den Eintritt verweigert hätte? —
Ich bin doch zu Dosalo? Zu dem Dosalo, wo mir sonst ein
ganzes Heer geschäftiger Augendiener entgegenstürzte? wo
mich sonst Lieb' und Entzücken erwarteten? — Der Ort ist
es: aber, aber! — Sieh da, Marinelli! — Recht gut, daß der
Prinz Sie mitgenommen. — Nein, nicht gut! Was ich mit
ihm auszumachen hätte, hätte ich nur mit ihm auszumachen.
— Wo ist er?

MARINELLI. Der Prinz, meine gnädige Gräfin?

ORSINA. Wer sonst?

MARINELLI. Sie vermuten ihn also hier? wissen ihn hier?
— Er wenigstens ist die Gräfin Orsina hier nicht vermutend.

ORSINA. Nicht? So hat er meinen Brief heute morgen
nicht erhalten?

MARINELLI. Ihren Brief? Doch ja; ich erinnere mich, daß
er eines Briefes von Ihnen erwähnte.

ORSINA. Nun? habe ich ihn nicht in diesem Briefe auf
heute um eine Zusammenkunft hier auf Dosalo gebeten? —
Es ist wahr, es hat ihm nicht beliebt, mir schriftlich zu antworten. Aber ich erfuhr, daß er eine Stunde darauf wirklich
nach Dosalo abgefahren. Ich glaubte, das sei Antworts
genug; und ich komme.

MARINELLI. Ein sonderbarer Zufall!

ORSINA. Zufall? — Sie hören ja, daß es verabrede,
worden. So gut als verabredet. Von meiner Seite der Brief

von seiner die Tat. — Wie er da steht, der Herr Marchese!
Was er für Augen macht! Wundert sich das Gehirnchen? und
worüber denn?

MARINELLI. Sie schienen gestern so weit entfernt, dem
Prinzen jemals wieder vor die Augen zu kommen.

ORSINA. Bess'rer Rat kommt über Nacht. — Wo ist er?
wo ist er? — Was gilt's, er ist in dem Zimmer, wo ich das
Gequieke, das Gekreische hörte? — Ich wollte herein, und
der Schurke von Bedienten trat vor.

MARINELLI. Meine liebste, beste Gräfin —

ORSINA. Es war ein weibliches Gekreische. Was gilt's,
Marinelli? — O, sagen Sie mir doch, sagen Sie mir — wenn
ich anders Ihre liebste, beste Gräfin bin — Verdammt,
über das Hofgeschmeiß! So viel Worte, so viel Lügen!
Nun, was liegt daran, ob Sie mir es voraussagen, oder nicht?
Ich werd' es ja wohl sehen. (Will gehen.)

MARINELLI (der sie zurückhält). Wohin?

ORSINA. Wo ich längst sein sollte. — Denken Sie, daß
es schicklich ist, mit Ihnen hier in dem Vorgemache einen
elenden Schnickschnack zu halten, indes der Prinz in dem
Gemache auf mich wartet?

MARINELLI. Sie irren sich, gnädige Gräfin. Der Prinz
erwartet Sie nicht. Der Prinz kann Sie hier nicht sprechen,
— will Sie nicht sprechen.

ORSINA. Und wäre doch hier? und wäre doch auf meinen
Brief hier?

MARINELLI. Nicht auf Ihren Brief —

ORSINA. Den er ja erhalten, sagen Sie —

MARINELLI. Erhalten, aber nicht gelesen.

ORSINA (heftig). Nicht gelesen? — (Minder heftig.)
Nicht gelesen? — (Wehmütig und eine Träne aus dem Auge
wischend.) Nicht einmal gelesen?

MARINELLI. Aus Zerstreuung, weiß ich. — Nicht aus
Verachtung.

ORSINA (stolz). Verachtung? — Wer denkt daran? —
Wem brauchen Sie das zu sagen? — Sie sind ein unverschäm-
ter Tröster, Marinelli! — Verachtung! Verachtung! Mich
verachtet man auch! mich! — (Gelinder, bis zum Tone der
Schwermut.) Freilich liebt er mich nicht mehr. Das ist aus-
gemacht. Und an die Stelle der Liebe trat in seiner Seele
etwas anders. Das ist natürlich. Aber warum denn eben

Verachtung? Es braucht ja nur Gleichgültigkeit zu sein. Nicht wahr, Marinelli?

MARINELLI. Allerdings, allerdings.

ORSINA (höhnisch). Allerdings? — O des weisen Mannes,
5 den man sagen lassen kann, was man will! — Gleichgültigkeit! Gleichgültigkeit an die Stelle der Liebe? — Das heißt,
nichts an die Stelle von etwas. Denn lernen Sie, nachplau-
derndes Hofmännchen, lernen Sie von einem Weibe, daß
Gleichgültigkeit ein leeres Wort, ein bloßer Schall ist, dem
10 nichts, gar nichts entspricht. Gleichgültig ist die Seele nur
gegen das, woran sie nicht denkt, nur gegen ein Ding, das
für sie kein Ding ist. Und nur gleichgültig für ein Ding,
das kein Ding ist, — das ist so viel als gar nicht gleichgültig.
— Ist dir das zu hoch, Mensch?

15 MARINELLI (vor sich). O weh! wie wahr ist es, was ich
fürchtete.

ORSINA. Was murmeln Sie da?

MARINELLI. Lauter Bewunderung! — Und wem ist es
nicht bekannt, gnädige Gräfin, daß Sie eine Philosophin sind?

20 ORSINA. Nicht wahr? — Ja, ja, ich bin eine. — Aber habe
ich mir es jetzt merken lassen, daß ich eine bin? — O pfui,
wenn ich mir es habe merken lassen, und wenn ich mir es
öfters habe merken lassen! Ist es wohl noch Wunder, daß
mich der Prinz verachtet? Wie kann ein Mann ein Ding

25 lieben, das ihm zum Trotze auch denken will? Ein Frauen-
zimmer, das denkt, ist eben so ekel als ein Mann, der sich
schminkt. Lachen soll es, nichts als lachen, um immerdar den
gestrengen Herrn der Schöpfung bei guter Laune zu erhalten. — Nun, worüber lach' ich denn gleich, Marinelli? —

30 Ach, ja wohl! Über den Zufall! daß ich dem Prinzen
schreibe, er soll nach Dosalo kommen; daß der Prinz meinen
Brief nicht liest, und daß er doch nach Dosalo kommt. Ha!
ha! ha! Wahrlich ein sonderbarer Zufall! Sehr lustig, sehr
närrisch! — Und Sie lachen nicht mit, Marinelli? — Mit-

35 lachen kann ja wohl der gestrenge Herr der Schöpfung, ob
wir arme Geschöpfe gleich nicht mitdenken dürfen. —
(Ernsthaft und befehlend.) So lachen Sie doch!

MARINELLI. Gleich, gnädige Gräfin, gleich!

ORSINA. Stock! Und darüber geht der Augenblick
40 vorbei. Nein, nein, lachen Sie nur nicht. — Denn sehen Sie,
Marinelli, (nachdenkend bis zur Rührung) was mich so
herzlich zu lachen macht, das hat auch seine ernsthafte —

sehr ernsthafte Seite. Wie alles in der Welt! — Zufall? Ein
Zufall wär' es, daß der Prinz nicht daran gedacht, mich hier
zu sprechen, und mich doch hier sprechen muß? Ein
Zufall? — Glauben Sie mir, Marinelli: das Wort Zufall ist
5 Gotteslästerung. Nichts unter der Sonne ist Zufall; — am
wenigsten das, wovon die Absicht so klar in die Augen
leuchtet. — Allmächtige, allgütige Vorsicht, vergib mir,
daß ich mit diesem albernen Sünder einen Zufall genannt
habe, was so offenbar dein Werk, wohl gar dein unmittel-
10 bares Werk ist! — (Hastig gegen Marinelli.) Kommen Sie
mir und verleiten Sie mich noch einmal zu so einem Frevel!
   MARINELLI (vor sich). Das geht weit! — Aber, gnädige
Gräfin —
   ORSINA. Still mit dem Aber! Die Aber kosten Über-
15 legung: — und mein Kopf! mein Kopf! (Sich mit der
Hand die Stirne haltend.) — Machen Sie, Marinelli, machen
Sie, daß ich ihn bald spreche, den Prinzen; sonst bin ich es
wohl gar nicht imstande. — Sie sehen, wir sollen uns
sprechen; wir müssen uns sprechen —

4. AUFTRITT

DER PRINZ. ORSINA. MARINELLI

20   DER PRINZ (indem er aus dem Kabinette tritt, vor sich).
Ich muß ihm zu Hilfe kommen. —
   ORSINA (die ihn erblickt; aber unentschlüssig, ob sie auf
ihn zugehen soll). Ha! da ist er.
   DER PRINZ (geht quer über den Saal, bei ihr vorbei, nach
25 den andern Zimmern, ohne sich im Reden aufzuhalten).
Sieh' da! unsere schöne Gräfin. — Wie sehr bedaure ich,
Madame, daß ich mir die Ehre Ihres Besuchs für heute so
wenig zu nutze machen kann! Ich bin beschäftigt. Ich bin
nicht allein. — Ein andermal, meine liebe Gräfin! Ein
30 andermal. — Jetzt halten Sie länger sich nicht auf. Ja nicht
länger! — Und Sie, Marinelli, ich erwarte Sie.

5. AUFTRITT

ORSINA. MARINELLI

   MARINELLI. Haben Sie es, gnädige Gräfin, nun von ihm
selbst gehört, was Sie mir nicht glauben wollen?
   ORSINA (wie betäubt). Hab' ich? hab' ich wirklich?

MARINELLI. Wirklich.

ORSINA (mit Rührung). „Ich bin beschäftigt. Ich bin
nicht allein." Ist das die Entschuldigung ganz, die ich wert
bin? Wen weist man damit nicht ab? Jeden Überlästigen,
jeden Bettler. Für mich keine einzige Lüge mehr? Keine
einzige kleine Lüge mehr für mich? — Beschäftigt? womit
denn? Nicht allein? wer wäre denn bei ihm? — Kommen
Sie, Marinelli; aus Barmherzigkeit, lieber Marinelli! Lügen
Sie mir eins auf eigene Rechnung vor. Was kostet Ihnen
denn eine Lüge? — Was hat er zu tun? Wer ist bei ihm? —
Sagen Sie mir; sagen Sie mir, was Ihnen zuerst in den
Mund kommt, — und ich gehe.

MARINELLI (vor sich). Mit dieser Bedingung kann ich ihr
ja wohl einen Teil der Wahrheit sagen.

ORSINA. Nun? Geschwind, Marinelli, und ich gehe. —
Er sagte ohnedem, der Prinz: „Ein andermal, meine liebe
Gräfin!" Sagte er nicht so? — Damit er mir Wort hält,
damit er keinen Vorwand hat, mir nicht Wort zu halten:
geschwind, Marinelli, Ihre Lüge, und ich gehe.

MARINELLI. Der Prinz, liebe Gräfin, ist wahrlich nicht
allein. Es sind Personen bei ihm, von denen er sich keinen
Augenblick abmüßigen kann, Personen, die eben einer
großen Gefahr entgangen sind. Der Graf Appiani —

ORSINA. Wäre bei ihm? — Schade, daß ich über diese
Lüge Sie ertappen muß. Geschwind eine andere. — Denn
Graf Appiani, wenn Sie es noch nicht wissen, ist eben von
Räubern erschossen worden. Der Wagen mit seinem Leich-
name begegnete mir kurz vor der Stadt. — Oder ist er nicht?
Hätte es mir bloß geträumt?

MARINELLI. Leider, nicht bloß geträumt! — Aber die
andern, die mit dem Grafen waren, haben sich glücklich hierher nach dem Schlosse gerettet: seine Braut nämlich und die
Mutter der Braut, mit welchen er nach Sabionetta zu seiner
feierlichen Verbindung fahren wollte.

ORSINA. Also die? Die sind bei dem Prinzen? die Braut?
und die Mutter der Braut? — Ist die Braut schön?

MARINELLI. Dem Prinzen geht ihr Unfall ungemein
nahe.

ORSINA. Ich will hoffen; auch wenn sie häßlich wäre.
Denn ihr Schicksal ist schrecklich. — Armes, gutes Mädchen, eben da er dein auf immer werden sollte, wird er dir
auf immer entrissen! — Wer ist sie denn, diese Braut?

Kenn' ich sie gar? — Ich bin so lange aus der Stadt, daß ich
von nichts weiß.

MARINELLI. Es ist Emilia Galotti.

ORSINA. Wer? — Emilia Galotti? Emilia Galotti? —
Marinelli! daß ich diese Lüge nicht für Wahrheit nehme!

MARINELLI. Wieso?

ORSINA. Emilia Galotti?

MARINELLI. Die Sie schwerlich kennen werden —

ORSINA. Doch! doch! Wenn es auch nur von heute
wäre. — Im Ernst, Marinelli? Emilia Galotti? — Emilia
Galotti wäre die unglückliche Braut, die der Prinz tröstet?

MARINELLI (vor sich). Sollte ich ihr schon zuviel gesagt
haben?

ORSINA. Und Graf Appiani war der Bräutigam dieser
Braut? der eben erschossene Appiani?

MARINELLI. Nicht anders.

ORSINA. Bravo! o   bravo! bravo! (In die Hände
schlagend.)

MARINELLI. Wie das?

ORSINA. Küssen möcht' ich den Teufel, der ihn dazu verleitet hat!

MARINELLI. Wen? verleitet? wozu?

ORSINA. Ja, küssen, küssen möcht' ich ihn — Und wenn
Sie selbst dieser Teufel wären, Marinelli.

MARINELLI. Gräfin!

ORSINA. Kommen Sie her! Sehen Sie mich an! steif an!
Aug' in Auge!

MARINELLI. Nun?

ORSINA. Wissen Sie nicht, was ich denke?

MARINELLI. Wie kann ich das?

ORSINA. Haben Sie keinen Anteil daran?

MARINELLI. Woran?

ORSINA. Schwören Sie! — Nein, schwören Sie nicht. Sie
möchten eine Sünde mehr begehen — Oder ja; schwören
Sie nur. Eine Sünde mehr oder weniger für einen, der doch
verdammt ist! — Haben Sie keinen Anteil daran?

MARINELLI. Sie erschrecken mich, Gräfin.

ORSINA. Gewiß? — Nun, Marinelli, argwohnt Ihr gutes
Herz auch nichts?

MARINELLI. Was? Worüber?

ORSINA. Wohl, — so will ich Ihnen etwas vertrauen, —
etwas, das Ihnen jedes Haar auf dem Kopfe zu Berge

sträuben soll. — Aber hier, so nahe an der Türe, möchte uns
jemand hören. Kommen Sie hieher. — Und! (indem sie den
Finger auf den Mund legt) Hören Sie! Ganz ingeheim!
ganz ingeheim! (und ihren Mund seinem Ohr nähert, als ob
5 sie ihm zuflüstern wollte, was sie aber sehr laut ihm zu-
schreit) Der Prinz ist ein Mörder!

MARINELLI. Gräfin, — Gräfin — sind Sie ganz von Sinnen?

ORSINA. Von Sinnen? Ha! ha! ha! (Aus vollem Halse la-
chend.) Ich bin selten oder nie mit meinem Verstande so
10 wohl zufrieden gewesen als eben jetzt. — Zuverlässig,
Marinelli; — aber es bleibt unter uns (leise) der Prinz ist ein
Mörder! des Grafen Appiani Mörder! — Den haben nicht
Räuber, den haben Helfershelfer des Prinzen, den hat der
Prinz umgebracht!

15 MARINELLI. Wie kann Ihnen so eine Abscheulichkeit in
den Mund, in die Gedanken kommen?

ORSINA. Wie? — Ganz natürlich. — Mit dieser Emilia
Galotti, — die hier bei ihm ist, — deren Bräutigam so über
Hals über Kopf sich aus der Welt trollen müssen, — mit
20 dieser Emilia Galotti hat der Prinz heute morgen in der
Halle bei den Dominikanern ein Langes und Breites ge-
sprochen. Das weiß ich; das haben meine Kundschafter
gesehen. Sie haben auch gehört, was er mit ihr gesprochen.
— Nun, guter Herr? Bin ich von Sinnen? Ich reime, dächt'
25 ich, doch noch so ziemlich zusammen, was zusammen gehört.
— Oder trifft auch das nur so von ungefähr zu? Ist Ihnen
auch das Zufall? O, Marinelli, so verstehen Sie auf die
Bosheit der Menschen sich eben so schlecht als auf die
Vorsicht.

30 MARINELLI. Gräfin, Sie würden sich um den Hals reden—

ORSINA. Wenn ich das mehrern sagte? — Desto besser,
desto besser! — Morgen will ich es auf dem Markte aus-
rufen. — Und wer mir widerspricht — wer mir widerspricht, der war des Mörders Spießgeselle. — Leben Sie
35 wohl. (Indem sie fortgehen will, begegnet sie an der Türe
dem alten Galotti, der eiligst hereintritt.)

6. AUFTRITT

ODOARDO GALOTTI. DIE GRÄFIN. MARINELLI

ODOARDO GALOTTI. Verzeihen Sie, gnädige Frau —

ORSINA. Ich habe hier nichts zu verzeihen. Denn ich

habe hier nichts übelzunehmen — An diesen Herrn wenden
Sie sich. (Ihn nach dem Marinelli weisend.)

MARINELLI (indem er ihn erblickt, vor sich). Nun vollends! der Alte!

ODOARDO. Vergeben Sie, mein Herr, einem Vater, der in
der äußersten Bestürzung ist, — daß er so unangemeldet
hereintritt.

ORSINA. Vater? (Kehrt wieder um.) Der Emilia, ohne
Zweifel. — Ha, willkommen!

ODOARDO. Ein Bedienter kam mir entgegen gesprengt
mit der Nachricht, daß hier herum die Meinigen in Gefahr
wären. Ich fliege herzu und höre, daß der Graf Appiani
verwundet worden; daß er nach der Stadt zurückgekehrt;
daß meine Frau und Tochter sich in das Schloß gerettet.—
Wo sind sie, mein Herr? wo sind sie?

MARINELLI. Sein Sie ruhig, Herr Oberster. Ihrer Gemahlin und Ihrer Tochter ist nichts Übles widerfahren,
den Schreck ausgenommen. Sie befinden sich beide wohl.
Der Prinz ist bei ihnen. Ich gehe sogleich, Sie zu melden.

ODOARDO. Warum melden? erst melden?

MARINELLI. Aus Ursachen — von wegen — von wegen
des Prinzen. Sie wissen, Herr Oberster, wie Sie mit dem
Prinzen stehen. Nicht auf dem freundschaftlichsten Fuße.
So gnädig er sich gegen Ihre Gemahlin und Tochter be-
zeigt: — es sind Damen — wird darum auch Ihr unver-
muteter Anblick ihm gelegen sein?

ODOARDO. Sie haben recht, mein Herr, Sie haben recht.

MARINELLI. Aber, gnädige Gräfin, — kann ich vorher
die Ehre haben, Sie nach Ihrem Wagen zu begleiten?

ORSINA. Nicht doch, nicht doch.

MARINELLI (sie bei der Hand nicht unsanft ergreifend).
Erlauben Sie, daß ich meine Schuldigkeit beobachte.

ORSINA. Nur gemach! — Ich erlasse Sie deren, mein
Herr! Daß doch immer Ihresgleichen Höflichkeit zur
Schuldigkeit machen, um, was eigentlich ihre Schuldigkeit
wäre, als die Nebensache betreiben zu dürfen! — Diesen
würdigen Mann je eher je lieber zu melden, das ist Ihre
Schuldigkeit.

MARINELLI. Vergessen Sie, was Ihnen der Prinz selbst
befohlen?

ORSINA. Er komme und befehle es mir noch einmal.
Ich erwarte ihn.

MARINELLI (leise zu dem Obersten, den er beiseite zieht). Mein Herr, ich muß Sie hier mit einer Dame lassen, die — der — mit deren Verstande — Sie verstehen mich. Ich sage Ihnen dieses, damit Sie wissen, was Sie auf ihre
5   Reden zu geben haben, — deren sie oft sehr seltsame führt. Am besten, Sie lassen sich mit ihr nicht ins Wort.

ODOARDO. Recht wohl. — Eilen Sie nur, mein Herr.

7. AUFTRITT

DIE GRÄFIN ORSINA. ODOARDO GALOTTI

ORSINA (nach einigem Stillschweigen, unter welchem sie den Obersten mit Mitleid betrachtet, so wie er sie mit
10   einer flüchtigen Neugierde). Was er Ihnen auch da gesagt hat, unglücklicher Mann! —

ODOARDO (halb vor sich, halb gegen sie). Unglücklicher?

ORSINA. Eine Wahrheit war es gewiß nicht; am wenigsten eine von denen, die auf Sie warten.

15   ODOARDO. Auf mich warten? — Weiß ich nicht schon genug? — Madame! — Aber reden Sie nur, reden Sie nur.

ORSINA. Sie wissen nichts.

ODOARDO. Nichts?

ORSINA. Guter, lieber Vater! — Was gäbe ich darum,
20   wenn Sie auch mein Vater wären! — Verzeihen Sie! die Unglücklichen ketten sich so gern aneinander. — Ich wollte treulich Schmerz und Wut mit Ihnen teilen.

ODOARDO. Schmerz und Wut? Madame! — Aber ich vergesse — Reden Sie nur.

25   ORSINA. Wenn es gar Ihre einzige Tochter — Ihr einziges Kind wäre! — Zwar einzig oder nicht. Das unglückliche Kind ist immer das einzige.

ODOARDO. Das unglückliche? — Madame? — Was will ich von ihr? — Doch, bei Gott, so spricht keine Wahn-
30   witzige!

ORSINA. Wahnwitzige? Das war es also, was er Ihnen von mir vertraute? — Nun, nun, es mag leicht keine von seinen gröbsten Lügen sein. — Ich fühle so was! — Und glauben Sie, glauben Sie mir: wer über gewisse Dinge den Verstand
35   nicht verliert, der hat keinen zu verlieren. —

ODOARDO. Was soll ich denken?

ORSINA. Daß Sie mich also ja nicht verachten! — Denn

auch Sie haben Verstand, guter Alter, auch Sie. — Ich seh'
es an dieser entschlossenen, ehrwürdigen Miene. Auch Sie
haben Verstand; und es kostet mich ein Wort, — so haben
Sie keinen.

5   ODOARDO. Madame! — Madame! — Ich habe schon
keinen mehr, noch ehe Sie mir dieses Wort sagen, wenn Sie
mir es nicht bald sagen. — Sagen Sie es! sagen Sie es! Oder
es ist nicht wahr, — es ist nicht wahr, daß Sie von jener
guten, unsers Mitleids, unsrer Hochachtung so würdigen
10 Gattung der Wahnwitzigen sind — Sie sind eine gemeine
Törin. Sie haben nicht, was Sie nie hatten.

       ORSINA. So merken Sie auf! — Was wissen Sie, der Sie
schon genug wissen wollen? Daß Appiani verwundet
worden? Nur verwundet? — Appiani ist tot!

15   ODOARDO. Tot? tot? — Ha, Frau, das ist wider die
Abrede. Sie wollten mich um den Verstand bringen, und
Sie brechen mir das Herz.

       ORSINA. Das beiher! — Nur weiter. — Der Bräutigam ist
tot: und die Braut — Ihre Tochter — schlimmer als tot.

20   ODOARDO. Schlimmer? schlimmer als tot? — Aber doch
zugleich auch tot? — Denn ich kenne nur ein Schlim-
meres —

       ORSINA. Nicht zugleich auch tot. Nein, guter Vater,
nein! — Sie lebt, sie lebt. Sie wird nun erst recht anfangen
25 zu leben — Ein Leben voll Wonne! das schönste, lustigste
Schlaraffenleben, — so lang' es dauert.

       ODOARDO. Das Wort, Madame, das einzige Wort, das
mich um den Verstand bringen soll! Heraus damit! —
Schütten Sie nicht Ihren Tropfen Gift in einen Eimer. —
30 Das einzige Wort! geschwind.

       ORSINA. Nun da; buchstabieren Sie es zusammen! — Des
Morgens sprach der Prinz Ihre Tochter in der Messe, des
Nachmittags hat er sie auf seinem Lust — Lustschlosse.

       ODOARDO. Sprach sie in der Messe? Der Prinz meine
35 Tochter?

       ORSINA. Mit einer Vertraulichkeit! mit einer Inbrunst!
— Sie hatten nichts Kleines abzureden. Und recht gut,
wenn es abgeredet worden; recht gut, wenn Ihre Tochter
freiwillig sich hierher gerettet! Sehen Sie: so ist es doch
40 keine gewaltsame Entführung, sondern bloß ein kleiner —
kleiner Meuchelmord.

       ODOARDO. Verleumdung! verdammte Verleumdung!

Ich kenne meine Tochter. Ist es Meuchelmord, so ist es auch Entführung. — (Blickt wild um sich und stampft und schäumt.) Nun, Claudia? Nun, Mütterchen? — Haben wir nicht Freude erlebt! O des gnädigen Prinzen? — O der
5 ganz besondern Ehre!

ORSINA. Wirkt es, Alter? wirkt es?

ODOARDO. Da steh' ich nun vor der Höhle des Räubers — (Indem er den Rock von beiden Seiten auseinander schlägt und sich ohne Gewehr sieht.) Wunder, daß ich aus
10 Eilfertigkeit nicht auch die Hände zurückgelassen! — (An alle Schubsäcke fühlend, als etwas suchend.) Nichts! gar nichts! nirgends!

ORSINA. Ha, ich verstehe! — Damit kann ich aushelfen! — Ich hab' einen mitgebracht. (Einen Dolch hervorzie-
15 hend.) Da nehmen Sie! nehmen Sie geschwind, eh' uns jemand sieht! — Auch hätte ich noch etwas, — Gift. Aber Gift ist nur für uns Weiber, nicht für Männer. — Nehmen Sie ihn! (Ihm den Dolch aufdringend.) Nehmen Sie!

ODOARDO. Ich danke, ich danke. — Liebes Kind, wer
20 wieder sagt, daß du eine Närrin bist, der hat es mit mir zu tun.

ORSINA. Stecken Sie beiseite! geschwind beiseite! — Mir wird die Gelegenheit versagt, Gebrauch davon zu machen. Ihnen wird sie nicht fehlen, diese Gelegenheit: und Sie
25 werden sie ergreifen, die erste, die beste, — wenn Sie ein Mann sind. — Ich, ich bin nur ein Weib; aber so kam ich her! Fest entschlossen! — Wir, Alter, wir können uns alles vertrauen. Denn wir sind beide beleidigt; von dem näm-lichen Verführer beleidigt. — Ah, wenn Sie wüßten, —
30 wenn Sie wüßten, wie überschwenglich, wie unaussprechlich, wie unbegreiflich ich von ihm beleidigt worden, und noch werde: — Sie könnten, Sie würden Ihre eigene Beleidigung darüber vergessen. — Kennen Sie mich? Ich bin Orsina, die betrogene, verlassene Orsina. — Zwar vielleicht nur um
35 Ihre Tochter verlassen. — Doch was kann Ihre Tochter dafür? — Bald wird auch sie verlassen sein. — Und dann wieder eine! — Und wieder eine! — Ha! (wie in der Ent-zückung) welch eine himmlische Phantasie! Wenn wir einmal alle, — wir, das ganze Heer der Verlassenen, wir
40 alle, in Bacchantinnen, in Furien verwandelt, wenn wir alle ihn unter uns hätten, ihn unter uns zerrissen, zerfleischten, sein Eingeweide durchwühlten, — um das Herz zu finden,

das der Verräter einer jeden versprach und keiner gab! Ha!
das sollte ein Tanz werden! das sollte!

8. AUFTRITT

CLAUDIA GALOTTI. DIE VORIGEN

CLAUDIA (die im Hereintreten sich umsieht und, sobald
sie ihren Gemahl erblickt, auf ihn zufliegt). Erraten! — Ah,
5 unser Beschützer, unser Retter! Bist du da, Odoardo? Bist
du da? — Aus ihrem Wispern, aus ihren Mienen schloß ich
es. — Was soll ich dir sagen, wenn du noch nichts weißt? —
Was soll ich dir sagen, wenn du schon alles weißt? — Aber
wir sind unschuldig. Ich bin unschuldig. Deine Tochter ist
10 unschuldig. Unschuldig, in allem unschuldig!
   ODOARDO (der sich bei Erblickung seiner Gemahlin zu
fassen gesucht). Gut, gut. Sei nur ruhig, nur ruhig — und
antworte mir. (Gegen die Orsina.) Nicht, Madame, also
ob ich noch zweifelte — Ist der Graf tot?
15 CLAUDIA. Tot.
   ODOARDO. Ist es wahr, daß der Prinz heute morgen
Emilien in der Messe gesprochen?
   CLAUDIA. Wahr. Aber wenn du wüßtest, welchen
Schreck es ihr verursacht, in welcher Bestürzung sie nach
20 Hause kam —
   ORSINA. Nun! hab' ich gelogen?
   ODOARDO (mit einem bittern Lachen). Ich wollt' auch
nicht, Sie hätten! Um wie vieles nicht!
   ORSINA. Bin ich wahnwitzig?
25 ODOARDO (wild hin und her gehend). O — noch bin ich
es auch nicht.
   CLAUDIA. Du gebotest mir, ruhig zu sein, und ich bin
ruhig. — Bester Mann, darf auch ich — ich dich bitten —
   ODOARDO. Was willst du? Bin ich nicht ruhig? Kann
30 man ruhiger sein, als ich bin? (Sich zwingend.) Weiß es
Emilia, daß Appiani tot ist?
   CLAUDIA. Wissen kann sie es nicht. Aber ich fürchte,
daß sie es argwohnt, weil er nicht erscheint. —
   ODOARDO. Und sie jammert und winselt.
35 CLAUDIA. Nicht mehr. — Das ist vorbei: nach ihrer Art,
die du kennst. Sie ist die furchtsamste und entschlossenste
unsers Geschlechts. Ihrer ersten Eindrücke nie mächtig, aber

nach der geringsten Überlegung in alles sich findend, auf
alles gefaßt. Sie hält den Prinzen in einer Entfernung, sie
spricht mit ihm in einem Tone — Mache nur, Odoardo, daß
wir wegkommen.

5   ODOARDO. Ich bin zu Pferde. — Was zu tun? — Doch,
Madame, Sie fahren ja nach der Stadt zurück?

ORSINA. Nicht anders.

ODOARDO. Hätten Sie wohl die Gewogenheit, meine
Frau mit sich zu nehmen?

10   ORSINA. Warum nicht? Sehr gern.

ODOARDO. Claudia, — (ihr die Gräfin bekannt machend)
die Gräfin Orsina, eine Dame von großem Verstande, meine
Freundin, meine Wohltäterin. — Du mußt mit ihr herein,
um uns sogleich den Wagen heraus zu schicken. Emilia darf
15   nicht wieder nach Guastalla. Sie soll mit mir.

CLAUDIA. Aber — wenn nur — Ich trenne mich ungern
von dem Kinde.

ODOARDO. Bleibt der Vater nicht in der Nähe? Man
wird ihn endlich doch vorlassen. Keine Einwendung! —
20   Kommen Sie, gnädige Frau. (Leise zu ihr.) Sie werden von
mir hören. — Komm, Claudia. (Er führt sie ab.)

FÜNFTER AUFZUG

1. AUFTRITT

MARINELLI. DER PRINZ

MARINELLI. Hier, gnädiger Herr, aus diesem Fenster
können Sie ihn sehen. Er geht die Arkade auf und nieder. —
Eben biegt er ein; er kommt. — Nein, er kehrt wieder um —
Ganz einig ist er mit sich noch nicht. Aber um ein Großes
5 ruhiger ist er — oder scheint er. Für uns gleichviel! —
Natürlich! Was ihm auch beide Weiber in den Kopf gesetzt
haben, wird er es wagen zu äußern? — Wie Battista gehört,
soll ihm seine Frau den Wagen sogleich heraussenden. Denn
er kam zu Pferde. — Geben Sie acht, wenn er nun vor
10 Ihnen erscheint, wird er ganz untertänigst Euer Durchlaucht für den gnädigen Schutz danken, den seine Familie
bei diesem so traurigen Zufalle hier gefunden; wird sich mit
samt seiner Tochter zu fernerer Gnade empfehlen; wird sie
ruhig nach der Stadt bringen und es in tiefster Unter-
15 werfung erwarten, welchen weitern Anteil Euer Durchlaucht an seinem unglücklichen, lieben Mädchen zu nehmen
geruhen wollen.
DER PRINZ. Wenn er nun aber so zahm nicht ist? Und
schwerlich, schwerlich wird er es sein. Ich kenne ihn zu
20 gut. — Wenn er höchstens seinen Argwohn erstickt, seine
Wut verbeißt, aber Emilien, anstatt sie nach der Stadt zu
führen, mit sich nimmt? bei sich behält? oder wohl gar in
ein Kloster außer meinem Gebiete verschließt? Wie dann?
MARINELLI. Die fürchtende Liebe sieht weit. Wahrlich!
25 — Aber er wird ja nicht —
DER PRINZ. Wenn er nun aber! Wie dann? Was wird es
uns dann helfen, daß der unglückliche Graf sein Leben
darüber verloren?
MARINELLI. Wozu dieser traurige Seitenblick? Vor-
30 wärts! denkt der Sieger, es falle neben ihm Feind oder
Freund. — Und wenn auch! Wenn er es auch wollte, der
alte Neidhart, was Sie von ihm fürchten, Prinz: — (über-
legend) Das geht! Ich hab' es! — Weiter als zum Wollen

soll er es gewiß nicht bringen. Gewiß nicht! — Aber daß
wir ihn nicht aus dem Gesichte verlieren! — (Tritt wieder
ans Fenster.) Bald hätt' er uns überrascht! Er kommt. —
Lassen Sie uns ihm noch ausweichen, und hören Sie erst,
5 Prinz, was wir auf den zu befürchtenden Fall tun müssen.
DER PRINZ (drohend). Nur, Marinelli! —
MARINELLI. Das Unschuldigste von der Welt!

2. AUFTRITT

ODOARDO GALOTTI. Noch niemand hier? — Gut; ich soll
noch kälter werden. Es ist mein Glück. — Nichts veräch!
10 licher, als ein brausender Jünglingskopf mit grauen Haaren-
Ich hab' es mir so oft gesagt. Und doch ließ ich mich fort-
reißen, und von wem? Von einer Eifersüchtigen, von einer
vor Eifersucht Wahnwitzigen. — Was hat die gekränkte Tugend mit der Rache des Lasters zu schaffen? Jene allein hab'
15 ich zu retten. — Und deine Sache, — mein Sohn! mein
Sohn! — Weinen konnt' ich nie; — und will es nun nicht
erst lernen — Deine Sache wird ein ganz anderer zu seiner
machen. Genug für mich, wenn dein Mörder die Frucht
seines Verbrechens nicht genießt. — Dies martere ihn mehr
20 als das Verbrechen! Wenn nun bald ihn Sättigung und Ekel
von Lüsten zu Lüsten treiben, so vergälle die Erinnerung,
diese eine Lust nicht gebüßt zu haben, ihm den Genuß aller!
In jedem Traume führe der blutige Bräutigam ihm die Braut
vor das Bett; und wenn er dennoch den wollüstigen Arm
25 nach ihr ausstreckt, so höre er plötzlich das Hohngelächter
der Hölle und erwache!

3. AUFTRITT

MARINELLI. ODOARDO GALOTTI

MARINELLI. Wo blieben Sie, mein Herr? wo blieben Sie?
ODOARDO. War meine Tochter hier?
MARINELLI. Nicht sie, aber der Prinz.
30 ODOARDO. Er verzeihe. — Ich habe die Gräfin begleitet.
MARINELLI. Nun?
ODOARDO. Die gute Dame!
MARINELLI. Und Ihre Gemahlin?
ODOARDO. Ist mit der Gräfin, — um uns den Wagen
sogleich heraus zu senden. Der Prinz vergönne nur, daß

ich mich so lange mit meiner Tochter noch hier verweile.

MARINELLI. Wozu diese Umstände? Würde sich der Prinz nicht ein Vergnügen daraus gemacht haben, sie beide, Mutter und Tochter, selbst nach der Stadt zu bringen?

ODOARDO. Die Tochter wenigstens würde diese Ehre haben verbitten müssen.

MARINELLI. Wieso?

ODOARDO. Sie soll nicht mehr nach Guastalla.

MARINELLI. Nicht? und warum nicht?

ODOARDO. Der Graf ist tot.

MARINELLI. Um so viel mehr —

ODOARDO. Sie soll mit mir.

MARINELLI. Mit Ihnen?

ODOARDO. Mit mir. Ich sage Ihnen ja, der Graf ist tot — wenn Sie es noch nicht wissen — Was hat sie nun weiter in Guastalla zu tun? — Sie soll mit mir.

MARINELLI. Allerdings wird der künftige Aufenthalt der Tochter einzig von dem Willen des Vaters abhängen. Nur fürs erste —

ODOARDO. Was fürs erste?

MARINELLI. Werden Sie wohl erlauben müssen, Herr Oberster, daß sie nach Guastalla gebracht wird.

ODOARDO. Meine Tochter? nach Guastalla gebracht wird? und warum?

MARINELLI. Warum? Erwägen Sie doch nur —

ODOARDO (hitzig). Erwägen! erwägen! Ich erwäge, daß hier nichts zu erwägen ist. — Sie soll, sie muß mit mir.

MARINELLI. O, mein Herr, — was brauchen wir uns hierüber zu ereifern? Es kann sein, daß ich mich irre, daß es nicht nötig ist, was ich für nötig halte. — Der Prinz wird es am besten zu beurteilen wissen. Der Prinz entscheide. — Ich geh' und hole ihn.

4. AUFTRITT

ODOARDO GALOTTI. Wie? — Nimmermehr! — Mir vorschreiben, wo sie hin soll? — Mir sie vorenthalten? — Wer will das? Wer darf das? — Der hier alles darf, was er will? Gut, gut; so soll er sehen, wie viel auch ich darf, ob ich es schon nicht dürfte! Kurzsichtiger Wüterich! Mit dir will ich es wohl aufnehmen. Wer kein Gesetz achtet, ist eben so mächtig, als wer kein Gesetz hat. Das weißt du nicht?

Komm an! komm an! — Aber sieh da! Schon wieder;
schon wieder rennt der Zorn mit dem Verstande davon. —
Was will ich? Erst müßt' es doch geschehen sein, worüber
ich tobe. Was plaudert nicht eine Hofschranze! Und hätte
5   ich ihn doch nur plaudern lassen! Hätte ich seinen Vorwand, warum sie wieder nach Guastalla soll, doch nur ange-
hört! — So könnte ich mich jetzt auf eine Antwort gefaßt
machen. — Zwar auf welchen kann mir eine fehlen? — Sollte
sie mir aber fehlen; sollte sie — Man kommt. Ruhig, alter
10 Knabe, ruhig!

5. AUFTRITT

DER PRINZ. MARINELLI. ODOARDO GALOTTI

DER PRINZ. Ah, mein lieber, rechtschaffner Galotti, —
so etwas muß auch geschehen, wenn ich Sie bei mir sehen
soll. Um ein Geringeres tun Sie es nicht. Doch keine
Vorwürfe!

15 ODOARDO. Gnädiger Herr, ich halte es in allen Fällen
für unanständig, sich zu seinem Fürsten zu drängen. Wen
er kennt, den wird er fordern lassen, wenn er seiner bedarf.
Selbst jetzt bitte ich um Verzeihung —

DER PRINZ. Wie manchem andern wollte ich diese stolze
20 Bescheidenheit wünschen! — Doch zur Sache. Sie werden
begierig sein, Ihre Tochter zu sehen. Sie ist in neuer Unruhe
wegen der plötzlichen Entfernung einer so zärtlichen
Mutter. — Wozu auch diese Entfernung? Ich wartete nur,
daß die liebenswürdige Emilie sich völlig erholt hätte, um
25 beide im Triumphe nach der Stadt zu bringen. Sie haben
mir diesen Triumph um die Hälfte verkümmert; aber ganz
werde ich mir ihn nicht nehmen lassen.

ODOARDO. Zu viel Gnade! — Erlauben Sie, Prinz, daß
ich meinem unglücklichen Kinde alle die mannigfaltigen
30 Kränkungen erspare, die Freund und Feind, Mitleid und
Schadenfreude in Guastalla für sie bereit halten.

DER PRINZ. Um die süßen Kränkungen des Freundes und
des Mitleids würde es Grausamkeit sein, sie zu bringen. Daß
aber die Kränkungen des Feindes und der Schadenfreude sie
35 nicht erreichen sollen, dafür, lieber Galotti, lassen Sie mich
sorgen.

ODOARDO. Prinz, die väterliche Liebe teilt ihre Sorge
nicht gern. — Ich denke, ich weiß es, was meiner Tochter in

ihren jetzigen Umständen einzig ziemt — Entfernung aus
der Welt, — ein Kloster, — sobald als möglich.

DER PRINZ. Ein Kloster?

ODOARDO. Bis dahin weine sie unter den Augen ihres
5 Vaters.

DER PRINZ. So viel Schönheit soll in einem Kloster
verblühen? — Darf eine einzige fehlgeschlagene Hoffnung
uns gegen die Welt so unversöhnlich machen? — Doch allerdings: dem Vater hat niemand einzureden. Bringen Sie Ihre
10 Tochter, Galotti, wohin Sie wollen.

ODOARDO (gegen Marinelli). Nun, mein Herr?

MARINELLI. Wenn Sie mich sogar auffordern!

ODOARDO. O mit nichten, mit nichten.

DER PRINZ. Was haben Sie beide?

15 ODOARDO. Nichts, gnädiger Herr, nichts. — Wir erwägen bloß, welcher von uns sich in Ihnen geirrt hat.

DER PRINZ. Wieso? — Reden Sie, Marinelli.

MARINELLI. Es geht mir nahe, der Gnade meines
Fürsten in den Weg zu treten. Doch wenn die Freundschaft
20 gebietet, vor allem in ihm den Richter aufzufordern —

DER PRINZ. Welche Freundschaft? —

MARINELLI. Sie wissen, gnädiger Herr, wie sehr ich den
Grafen Appiani liebte, wie sehr unser beider Seelen ineinander verwebt schienen —

25 ODOARDO. Das wissen Sie, Prinz? So wissen Sie es
wahrlich allein.

MARINELLI. Von ihm selbst zu seinem Rächer bestellt —

ODOARDO. Sie?

MARINELLI. Fragen Sie nur Ihre Gemahlin. Marinelli,
30 der Name Marinelli war das letzte Wort des sterbenden
Grafen, und in einem Tone! in einem Tone! — Daß er mir
nie aus dem Gehöre komme, dieser schreckliche Ton, wenn
ich nicht alles anwende, daß seine Mörder entdeckt und
bestraft werden!

35 DER PRINZ. Rechnen Sie auf meine kräftigste Mit-
wirkung.

ODOARDO. Und meine heißesten Wünsche! — Gut, gut!
— Aber was weiter?

DER PRINZ. Das frag' ich, Marinelli.

40 MARINELLI. Man hat Verdacht, daß es nicht Räuber
gewesen, welche den Grafen angefallen.

ODOARDO (höhnisch). Nicht? wirklich nicht?

MARINELLI. Daß ein Nebenbuhler ihn aus dem Wege räumen lassen.

ODOARDO (bitter). Ei! Ein Nebenbuhler?

MARINELLI. Nicht anders.

ODOARDO. Nun dann, — Gott verdamm' ihn, den meuchelmörderischen Buben!

MARINELLI. Ein Nebenbuhler, und ein begünstigter Nebenbuhler —

ODOARDO. Was? ein begünstigter? — Was sagen Sie?

MARINELLI. Nichts, als was das Gerücht verbreitet.

ODOARDO. Ein begünstigter? von meiner Tochter begünstigt?

MARINELLI. Das ist gewiß nicht. Das kann nicht sein. Dem widersprech' ich, trotz Ihnen. — Aber bei dem allen, gnädiger Herr, — denn das gegründetste Vorurteil wiegt auf der Wage der Gerechtigkeit so viel als nichts: — bei dem allen wird man doch nicht umhin können, die schöne Unglückliche darüber zu vernehmen.

DER PRINZ. Jawohl; allerdings.

MARINELLI. Und wo anders? wo kann das anders geschehen, als in Guastalla?

DER PRINZ. Da haben Sie recht, Marinelli; da haben Sie recht. — Ja so, das verändert die Sache, lieber Galotti. Nicht wahr? Sie sehen selbst —

ODOARDO. O ja, ich sehe — Ich sehe, was ich sehe. — Gott! Gott!

DER PRINZ. Was ist Ihnen? Was haben Sie mit sich?

ODOARDO. Daß ich es nicht vorausgesehen, was ich da sehe. Das ärgert mich, weiter nichts. — Nun ja; sie soll wieder nach Guastalla. Ich will sie wieder zu ihrer Mutter bringen: und bis die strengste Untersuchung sie freigesprochen, will ich selbst aus Guastalla nicht weichen. Denn wer weiß, — (mit einem bittern Lachen) wer weiß, ob die Gerechtigkeit nicht auch nötig findet, mich zu vernehmen.

MARINELLI. Sehr möglich! In solchen Fällen tut die Gerechtigkeit lieber zu viel, als zu wenig. — Daher fürchte ich sogar —

DER PRINZ. Was? was fürchten Sie?

MARINELLI. Man werde vorderhand nicht verstatten können, daß Mutter und Tochter sich sprechen.

ODOARDO. Sich nicht sprechen?

MARINELLI. Man werde genötigt sein, Mutter und Tochter zu trennen.

ODOARDO. Mutter und Tochter zu trennen?

MARINELLI. Mutter und Tochter und Vater. Die Form des Verhörs erfordert diese Vorsichtigkeit schlechterdings. Und es tut mir leid, gnädiger Herr, daß ich mich gezwungen sehe, ausdrücklich darauf anzutragen, wenigstens Emilien in eine besondere Verwahrung zu bringen.

ODOARDO. Besondere Verwahrung? — Prinz! Prinz! — Doch ja; freilich, freilich! Ganz recht: in eine besondere Verwahrung! Nicht, Prinz? nicht? — O wie fein die Gerechtigkeit ist! Vortrefflich! (Fährt schnell nach dem Schubsacke, in welchem er den Dolch hat.)

DER PRINZ (schmeichelnd auf ihn zutretend). Fassen Sie sich, lieber Galotti —

ODOARDO (beiseite, indem er die Hand leer wieder herauszieht). Das sprach sein Engel!

DER PRINZ. Sie sind irrig; Sie verstehen ihn nicht. Sie denken bei dem Worte Verwahrung wohl gar an Gefängnis und Kerker.

ODOARDO. Lassen Sie mich daran denken, und ich bin ruhig!

DER PRINZ. Kein Wort von Gefängnis, Marinelli! Hier ist die Strenge der Gesetze mit der Achtung gegen unbescholtene Tugend leicht zu vereinigen. Wenn Emilia in besondere Verwahrung gebracht werden muß, so weiß ich schon — die alleranständigste. Das Haus meines Kanzlers. — Keinen Widerspruch, Marinelli! — Da will ich sie selbst hinbringen. Da will ich sie der Aufsicht einer der würdigsten Damen übergeben. Die soll mir für sie bürgen, haften. — Sie gehen zu weit, Marinelli, wirklich zu weit, wenn Sie mehr verlangen. — Sie kennen doch, Galotti, meinen Kanzler Grimaldi und seine Gemahlin?

ODOARDO. Was sollt' ich nicht? Sogar die liebenswürdigen Töchter dieses edlen Paares kenn' ich. Wer kennt sie nicht? — (Zu Marinelli.) Nein, mein Herr, geben Sie das nicht zu. Wenn Emilia verwahrt werden muß, so müsse sie in dem tiefsten Kerker verwahrt werden. Dringen Sie darauf, ich bitte Sie. — Ich Tor, mit meiner Bitte! Ich alter Geck! — Ja wohl hat sie recht, die gute Sibylle: Wer über gewisse Dinge seinen Verstand nicht verliert, der hat keinen zu verlieren!

DER PRINZ. Ich verstehe Sie nicht. — Lieber Galotti, was kann ich mehr tun? — Lassen Sie es dabei, ich bitte Sie. — Ja, ja, in das Haus meines Kanzlers! Da soll sie hin, da bring' ich sie selbst hin; und wenn ihr da nicht mit der äußersten Achtung begegnet wird, so hat mein Wort nichts gegolten. Aber sorgen Sie nicht. — Dabei bleibt es! Dabei bleibt es! — Sie selbst, Galotti, mit sich, können es halten, wie Sie wollen. Sie können uns nach Guastalla folgen; Sie können nach Sabionetta zurückkehren, wie Sie wollen. Es wäre lächerlich, Ihnen vorzuschreiben. — Und nun, auf Wiedersehen, lieber Galotti! — Kommen Sie, Marinelli, es wird spät.

ODOARDO (der in tiefen Gedanken gestanden). Wie? so soll ich sie gar nicht sprechen, meine Tochter? Auch hier nicht? — Ich lasse mir ja alles gefallen; ich finde ja alles ganz vortrefflich. Das Haus eines Kanzlers ist natürlicherweise eine Freistatt der Tugend. O, gnädiger Herr, bringen Sie ja meine Tochter dahin, nirgends anders als dahin. — Aber sprechen wollt' ich sie doch gern vorher. Der Tod des Grafen ist ihr noch unbekannt. Sie wird nicht begreifen können, warum man sie von ihren Eltern trennt. Ihr jenen auf gute Art beizubringen, sie dieser Trennung wegen zu beruhigen: — muß ich sie sprechen, gnädiger Herr, muß ich sie sprechen.

DER PRINZ. So kommen Sie denn —

ODOARDO. O, die Tochter kann auch wohl zu dem Vater kommen. — Hier, unter vier Augen, bin ich gleich mit ihr fertig. Senden Sie mir sie nur, gnädiger Herr.

DER PRINZ. Auch das! — O Galotti, wenn Sie **mein** Freund, mein Führer, mein Vater sein wollten! (Der Prinz und Marinelli gehen ab.)

6. AUFTRITT

ODOARDO GALOTTI (ihm nachsehend, nach einer Pause). Warum nicht? — Herzlich gern. — Ha! ha! ha! — (Blickt wild umher.) Wer lacht da? Bei Gott, ich glaub', ich war es selbst. — Schon recht! Lustig, lustig! Das Spiel geht zu Ende. So oder so! — Aber — (Pause) wenn sie mit ihm sich verstünde? Wenn es das alltägliche Possenspiel wäre? Wenn sie es nicht wert wäre, was ich für sie tun will? — (Pause) Für sie tun will? Was will ich denn für sie tun? —

Hab' ich das Herz, es mir zu sagen? — Da denk' ich so was!
So was, was sich nur denken läßt! — Gräßlich! Fort, fort!
Ich will sie nicht erwarten. Nein! — (Gegen den Himmel.)
Wer sie unschuldig in diesen Abgrund gestürzt hat, der ziehe
5 sie wieder heraus. Was braucht er meine Hand dazu? Fort!
(Er will gehen und sieht Emilien kommen.) Zu spät! Ah!
er will meine Hand, er will sie!

7. AUFTRITT

EMILIA. ODOARDO

EMILIA. Wie? Sie hier, mein Vater? — Und nur Sie? —
Und meine Mutter? nicht hier? — Und der Graf? nicht hier?
10 — Und Sie so unruhig, mein Vater?
ODOARDO. Und du so ruhig, meine Tochter?
EMILIA. Warum nicht, mein Vater? — Entweder ist
nichts verloren, oder alles. Ruhig sein können und ruhig
sein müssen, kommt es nicht auf eines?
15 ODOARDO. Aber, was meinst du, daß der Fall ist?
EMILIA. Daß alles verloren ist; — und daß wir wohl
ruhig sein müssen mein Vater.
ODOARDO. Und du wärst ruhig, weil du ruhig sein
mußt? — Wer bist du? Ein Mädchen? und meine Tochter?
20 So sollte der Mann und der Vater sich wohl vor dir schämen?
— Aber laß doch hören: was nennst du alles verloren? —
— daß der Graf tot ist?
EMILIA. Und warum er tot ist! Warum! Ha, so ist es
wahr, mein Vater? So ist sie wahr, die ganze schreckliche
25 Geschichte, die ich in dem nassen und wilden Auge meiner
Mutter las? — Wo ist meine Mutter? Wo ist sie hin, mein
Vater?
ODOARDO. Voraus; — wenn wir anders ihr nachkommen.
EMILIA. Je eher, je besser. Denn wenn der Graf tot ist,
30 wenn er darum tot ist — darum! was verweilen wir noch
hier? Lassen Sie uns fliehen, mein Vater!
ODOARDO. Fliehen? — Was hätt' es dann für Not? — Du
bist, du bleibst in den Händen deines Räubers.
EMILIA. Ich bleibe in seinen Händen?
35 ODOARDO. Und allein, ohne deine Mutter, ohne mich.
EMILIA. Ich allein in seinen Händen? — Nimmermehr,
mein Vater. — Oder Sie sind nicht mein Vater. — Ich allein

in seinen Händen? — Gut, lassen Sie mich nur, lassen Sie
mich nur. — Ich will doch sehn, wer mich hält, — wer
mich zwingt, — wer der Mensch ist, der einen Menschen
zwingen kann.

5   ODOARDO. Ich meine, du bist ruhig, mein Kind.

EMILIA. Das bin ich. Aber was nennen Sie ruhig sein?
Die Hände in den Schoß legen? Leiden, was man nicht
sollte? Dulden, was man nicht dürfte?

ODOARDO. Ha! wenn du so denkst! — Laß dich um-
10 armen, meine Tochter! — Ich hab' es immer gesagt: das
Weib wollte die Natur zu ihrem Meisterstücke machen.
Aber sie vergriff sich im Tone, sie nahm ihn zu fein. Sonst
ist alles besser an euch als an uns. — Ha, wenn das deine
Ruhe ist, so habe ich meine in ihr wiedergefunden! Laß dich
15 umarmen, meine Tochter! — Denke nur: unter dem Vor-
wande einer gerichtlichen Untersuchung — o des höllischen
Gaukelspieles! — reißt er dich aus unsern Armen und bringt
dich zur Grimaldi.

EMILIA. Reißt mich? bringt mich? — Will mich reißen,
20 will mich bringen: will! will! — Als ob wir, wir keinen
Willen hätten, mein Vater!

ODOARDO. Ich ward auch so wütend, daß ich schon nach
diesem Dolche griff (ihn herausziehend), um einem von
beiden — beiden! — das Herz zu durchstoßen.

25 EMILIA. Um des Himmels willen nicht, mein Vater! —
Dieses Leben ist alles, was die Lasterhaften haben. — Mir,
mein Vater, mir geben Sie diesen Dolch!—

ODOARDO. Kind, est ist keine Haarnadel.

EMILIA. So werde die Haarnadel zum Dolche! —
30 Gleichviel.

ODOARDO. Was? Dahin wär' es gekommen? Nicht doch,
nicht doch! Besinne dich. — Auch du hast nur e i n Leben
zu verlieren.

EMILIA. Und nur e i n e Unschuld!

35 ODOARDO. Die über alle Gewalt erhaben ist. —

EMILIA. Aber nicht über alle Verführung. — Gewalt!
Gewalt! Wer kann der Gewalt nicht trotzen? Was Gewalt
heißt, ist nichts: Verführung ist die wahre Gewalt. — Ich
habe Blut, mein Vater, so jugendliches, so warmes Blut als
40 eine. Auch meine Sinne sind Sinne. Ich stehe für nichts.
Ich bin für nichts gut. Ich kenne das Haus der Grimaldi.
Es ist das Haus der Freude. Eine Stunde da, unter den

Augen meiner Mutter — und es erhob sich so mancher Tumult in meiner Seele, den die strengsten Übungen der Religion kaum in Wochen besänftigen konnten. — Der Religion! Und welcher Religion? — Nichts Schlimmers zu
5 vermeiden, sprangen Tausende in die Fluten und sind Heilige! — Geben Sie mir, mein Vater, geben Sie mir diesen Dolch.

ODOARDO. Und wenn du ihn kenntest, diesen Dolch! —

EMILIA. Wenn ich ihn auch nicht kenne! — Ein un-
10 bekannter Freund ist auch ein Freund. — Geben Sie mir ihn, mein Vater; geben Sie mir ihn.

ODOARDO. Wenn ich dir ihn nun gebe — da! (Gibt ihr ihn.)

EMILIA. Und da! (Im Begriffe, sich damit zu durchstoßen, reißt der Vater ihr ihn wieder aus der Hand.)

15 ODOARDO. Sieh, wie rasch! — Nein, das ist nicht für deine Hand.

EMILIA. Es ist wahr, mit einer Haarnadel soll ich — (Sie fährt mit der Hand nach dem Haare, eine zu suchen, und bekommt die Rose zu fassen.) Du noch hier? — Herunter
20 mit dir! du gehörst nicht in das Haar einer, — wie mein Vater will, daß ich werden soll!

ODOARDO. O, meine Tochter! —

EMILIA. O, mein Vater, wenn ich Sie erriete! — Doch nein, das wollen Sie auch nicht. Warum zauderten Sie
25 sonst? — (In einem bittern Tone, während daß sie die Rose zerpflückt.) Ehedem wohl gab es einen Vater, der, seine Tochter von der Schande zu retten, ihr den ersten den besten Stahl in das Herz senkte — ihr zum zweiten das Leben gab. Aber alle solche Taten sind von ehedem!
30 Solcher Väter gibt es keine mehr!

ODOARDO. Doch, meine Tochter doch! (Indem er sie durchsticht.) — Gott, was hab' ich getan! (Sie will sinken, und er faßt sie in seine Arme.)

EMILIA. Eine Rose gebrochen, ehe der Sturm sie ent-
35 blättert. — Lassen Sie mich sie küssen, diese väterliche Hand.

8. AUFTRITT

DER PRINZ. EMILIA. MARINELLI

DER PRINZ (im Hereintreten). Was ist das? — Ist Emilien nicht wohl?

ODOARDO. Sehr wohl; sehr wohl!

DER PRINZ (indem er näher kommt). Was seh' ich —
Entsetzen!

MARINELLI. Weh mir!

5   DER PRINZ. Grausamer Vater, was haben Sie getan!

ODOARDO. Eine Rose gebrochen, ehe der Sturm sie ent-
blättert. — War es nicht so, meine Tochter?

EMILIA. Nicht Sie, mein Vater — Ich selbst — ich selbst —

ODOARDO. Nicht du, meine Tochter; — nicht du! —
10 Gehe mit keiner Unwahrheit aus der Welt. Nicht du, meine
Tochter! Dein Vater, dein unglücklicher Vater!

EMILIA. Ah — mein Vater — (Sie stirbt, und er legt sie
sanft auf den Boden.)

ODOARDO. Zieh' hin! — Nun da, Prinz! Gefällt sie Ihnen
15 noch? Reizt sie noch Ihre Lüste?' Noch, in diesem Blute,
das wider Sie um Rache schreit? (Nach einer Pause.) Aber
·Sie erwarten, wo das alles hinaus soll? Sie erwarten vielleicht, daß ich den Stahl wider mich selbst kehren werde,
um meine Tat wie eine schale Tragödie zu beschließen? —
20 Sie irren sich. Hier! (Indem er ihm den Dolch vor die Füße
wirft.) Hier liegt er, der blutige Zeuge meines Verbrechens!
Ich gehe und liefere mich selbst in das Gefängnis. Ich gehe
und erwarte Sie als Richter. — Und dann dort — erwarte ich
Sie vor dem Richter unser aller!

25 DER PRINZ (nach einigem Stillschweigen, unter welchem
er den Körper mit Entsetzen und Verzweiflung betrachtet,
zu Marinelli). Hier! heb' ihn auf. — Nun? du bedenkst
dich? — Elender! — (Indem er ihm den Dolch aus der
Hand reißt.) Nein, dein Blut soll mit diesem Blute sich
30 nicht mischen. — Geh', dich auf ewig zu verbergen! — Geh'!
sag' ich. — Gott! Gott! — Ist es, zum Unglücke so
mancher nicht genug, daß Fürsten Menschen sind; müssen
sich auch noch Teufel in ihren Freund verstellen?

NOTES

NAMES OF CHARACTERS, ETC.

AMONG the Dukes of Guastalla none is found bearing the name Hettore. The ruling house of Gonzaga-Guastalla died out in the first half of the eighteenth century.

The country residence was called Dosolo, not, as Lessing has it, Dosalo.

Erich Schmidt surmises that Lessing took the name of Marinelli from Bayle, Odoardo from Matteo Bandello and Angelo from Winckelmann's murderer. (*Lessing*, Vol. II, pp. 9 f., p. 11.) A little-known painter, an imitator of Lionardo da Vinci, is called Bernardo de Conti, but there is no evidence for believing that Lessing had him in mind.

For Lessing's decision to 'modernize' the Virginia legend cf. his remark in the 22nd *Literaturbrief*: 'Die Verbergung der wahren Namen wird meines Erachtens nur alsdann notwendig, wenn man in einer neuen Geschichte wesentliche Umstände geändert hat und man durch diese Veränderungen die besser unterrichteten Zuschauer zu beleidigen fürchten muß'. The elimination of the political theme in *Emilia Galotti* represents an alteration of the kind envisaged in this passage and therefore the creation of new characters and a new scene became imperative in Lessing's drama.

The play was given its first performance on the occasion of the birthday of the Duchess of Braunschweig in March 1772. It was preceded by a 'Vorspiel' entitled *Diana im Haine bei dem Feste der Musen* and was followed by the Ballet *Philemon und Baucis oder Die belohnte Tugend*.

Many of Lessing's contemporaries felt that Prince Hettore strongly resembled the Erbprinz von Braunschweig and Orsina his mistress, the Italian Countess Branconi. But Lessing submitted his text for official approval and it is hardly probable that he intended his play to allude to the state of affairs at the Brunswick Court. It is, however, worthy of note that he was not present at the first performance. He excused himself on the score of ill-health.

ACT I

Lessing's skilful handling of the exposition has been frequently remarked upon. Otto Ludwig explains the technique as follows: 'Bei Lessing ist die Kunst der Exposition wunderbar, denn bei ihm ist das Erregende jederzeit in die Exposition gelegt, diese aber mit wunderbarer dialogischer Kunst ausgeführt' (*Shakespeare-Studien*, ed. M. Heydrich, p. 405).

'Das Erregende', the impetus from which the action derives, is the news brought by Marinelli that Appiani is to marry Emilia. This forms part of the exposition, since it develops the first intimations of the Prince's character and his relations to Orsina and Emilia. The whole of Act I reveals the character of the principal antagonists (the Prince and Marinelli), but much information is also forthcoming about the protagonists (Emilia and Odoardo) and Appiani.

It is remarkable e.g. how effortlessly, in the course of the conversations between the Prince and Conti and Marinelli Lessing conveys to us important information, of which much will be made later, regarding the Prince's first meeting with Emilia, his knowledge of her attendance at the Church of the Dominicans, his relations with Odoardo, the relations between Marinelli and Appiani, and Orsina's state of mind.

By the end of the Act, when Marinelli has received his mandate from the Prince, the dramatic action itself is well under way.

p. 1, l. 6. Cf. Lessing on a scene in Act II of Coello's drama *Conde de Sex*: 'Nun ist (die Königin) allein und setzt sich zu den Papieren. Sie will sich ihres verliebten Kummers entschlagen und anständigern Sorgen überlassen. Aber das erste Papier, was sie in die Hände nimmt, ist die Bittschrift eines Grafen Felix. Eines Grafen! „Muß es denn eben" sagt sie „von einem Grafen sein, was mir zuerst vorkommt!" Dieser Zug ist vortrefflich. Auf einmal ist sie wieder mit ihrer ganzen Seele bei demjenigen Grafen, an den sie jetzt nicht denken wollte' (*Hamburgische Dramaturgie*, 'Stück' 65). Lessing's palpable imitation of Coello's device would lend support to the view that Act I of *Emilia Galotti* was written after the year 1767, if it can be established that Lessing did not know Coello's play before he discussed it in the *Hamburgische Dramaturgie*. In January, 1769, he wrote to the Göttinger librarian Dieze concerning the identity of the author of *Conde de Sex*, which remained uncertain until Schack in the nineteenth century established Coello's authorship.

p. 1, l. 26. *Läufer*—footman.

p. 2, l. 11. Cf. Luther: 'So wohlfeil ist jetzt die Kunst, daß sie schier muß nach Brot gehen.' Lewes translates: 'Art, Prince, is working for its bread'.

p. 2, l. 17. Cf. Pliny, Aiunt multum legendum esse, non multa.

p. 2, l. 37. *beschwerlich*—troublesome.

p. 3. Stage direction Sc. 4. *verwandt* = umgewandt.

p. 3, l. 10. *Schranken*. Lessing wrote Grenzen. At the suggestion of his brother Karl the word Schranken was substituted.

p. 3, l. 11. Anzüglichsten = Anziehendsten. Cf. *Werther*, Letter of May 12th.

p. 3, l. 18. Cf. *Laokoon*, ch. ii.

p. 3, l. 20. *plastische Natur*. A prolonged discussion took place in the seventeenth and eighteenth centuries concerning the formation of bodies. In accordance with the tendency, then beginning, to explain the origins of life in purely biological terms, it was postulated by Cudworth and others that there existed in nature a 'vis plastica', by the action of which the formation of bodies took place. This view was upheld in England, notably by Clark, but it was opposed by Bayle in France and by Leibniz in Germany. The latter held the more traditional, religious view and maintained that the concept of a plastic nature was not necessary, if the idea of a pre-formation was accepted (cf. Preface to *Theodicee*). The cautious use of the term in *Emilia Galotti* would suggest that Lessing on the whole followed Leibniz. Cf. Zedler's *Großes Universal Lexicon aller Wissenschaften und Künste*, 1732-1750, Vol. 28. Zedler gives as the equivalent German terms the words *Formirungs = Krafft* and *Bildungs = Krafft*.

p. 3, l. 21. *Abfall*. Lewes translates 'imperfection'.

p. 3, l. 22. *Verderb*. 'Junge Bildung. Masc., früher auch Neut. (Lessing). (H. Paul: *Deutsches Wörterbuch*.)

p. 4, l. 20. Lessing frequently repeats the adverb in phrases like this.

p. 4, l. 32. *Vorwürfe*. The German equivalent of 'subjects'. Lessing frequently uses the word in *Laokoon*. The more common modern word is 'Gegenstände'.

p. 5, l. 2. *Vegghia* = soirée. From Lat. vigilia.

p. 5, l. 7. In the seventeenth century one of the Dukes of Guastalla laid claim to the possession of Sabonietta.

p. 5, l. 25. Cf. Hebbel's comment: 'Raphael wäre auch ohne Hände der größte Maler, sagt Lessing. Er konnte aber ohne Hände gar nicht geboren werden' (*Tagebücher*, ed. R. M. Werner, Vol. III, p. 440).

p. 6, ll. 6 ff. This description of Emilia has been criticized as a clumsy device by which Lessing intended to emphasize the effect of her beauty upon the Prince. But cf. Lessing's remarks in *Laokoon* concerning descriptions of female beauty in poetry: 'Ich darf hier der beiden Lieder des Anakreons nicht vergessen, in welchen er uns die Schönheit seines Mädchens . . . zergliedert. Die Wendung, die er dabei nimmt, macht alles gut. Er glaubt einen Maler vor sich zu haben, und läßt ihn unter seinen Augen arbeiten. So, sagt er, mache mir das Haar, so die Stirn, so die Augen, so den Mund, so Hals und Busen, so Hüft' und Hände! . . . Seine Absicht ist nicht, daß wir in dieser mündlichen Direktion des Malers, die ganze Schönheit der geliebten Gegenstände erkennen und fühlen sollen; er selbst empfindet die Unfähigkeit des wörtlichen Ausdrucks und nimmt eben daher den Ausdruck der Kunst zuhilfe . . .' (Chapter XX). 'Was Homer nicht nach seinen Bestandteilen beschreiben konnte, läßt er uns in seiner Wirkung erkennen. Malet uns, Dichter, das Wohlgefallen, die Zuneigung, die Liebe, das Entzücken, welches die Schönheit verursacht, und ihr habt die Schönheit selbst gemalt' (Chapter XXI).

p. 6, l. 10. *Schilderei*. Synonym for 'Gemälde', frequently used in the eighteenth century. Cf. Lessing on the word *Abbild*: 'So würde ich in der Emilia Galotti, anstatt: „die Schilderei selbst, wovor sie gesessen, hat ihr abwesender Vater bekommen. Aber diese Kopie"—gar wohl haben sagen können: das *Bild* selbst—Aber dieses *Abbild*, wenn es im Dramatischen nicht mehr darauf ankäme, der Person ihr angemessene, als gute Worte in den Mund zu legen' (*Anmerkungen über Adelungs Wörterbuch*).

p. 6, l. 24. *Studio* = 'sketch'.

p. 7, l. 7. *neidisch*. Here = 'geizig'.

p. 8, ll. 3 ff. Marinelli's account of his interview with Orsina shows him to be not entirely devoid of human sympathy.

p. 8, l. 35. *versprochen* = 'verlobt'.

p. 8, l. 38. *Empfindsamen*. Cf. *Grimms Wörterbuch*: 'Zum erstenmal gebraucht von Bode, der in der Vorrede zu Yoricks empfindsamer Reise (1768) erzählt, daß Lessing es ihm als Übersetzung von sentimental empfohlen habe. Lessings eigene Worte ebendaselbst lauten: . . . „War es Sterne erlaubt, sich ein neues Wort zu bilden, so muß es eben darum auch seinem Übersetzer erlaubt sein. Die Engländer hatten gar kein Adjectivum von sentiment, wir haben von Empfindung mehr als eines, empfindlich, empfindbar, empfindungsreich, aber diese sagen alle etwas anders. Wagen Sie *empfindsam!* Wenn eine mühsame Reise eine Reise heißt, bei der viel Mühe ist, so kann ja auch eine empfindsame Reise eine Reise heißen, bei der viel Empfindung war . . ." In making his suggestion Lessing was conscious that the word might not be immediately understood. His use of it in *Emilia Galotti* indicates that in a short time, between 1769 and 1772, the public had become familiar with it.

p. 9, ll. 30 ff. In this emotional scene the Prince addresses Marinelli first in the polite manner with *Sie*, then he changes to *Er*, a form commonly used in the eighteenth century when a superior person spoke to a subordinate, finally he addresses him with the rather contemptuous *Du*.

p. 10, l. 31. This sentiment is frequently expressed in the seventeenth and eighteenth centuries. Cf. Voltaire's *Henriade* and Schiller's *Don Carlos*.

p. 12, ll. 10 ff. An example of Marinelli's resourcefulness and opportunism. Cf. his twisting of Appiani's challenge and of his dying words in Act IV, Sc. 1, and Act V, Sc. 5 respectively. Marinelli is, however, a poor judge of character and he makes fatal mistakes when cynically assessing the probable behaviour of Appiani (Act III, Sc. 10), Emilia (Act III, Sc. 3), Claudia (Act III, Sc. 6) and Orsina (Act IV, Sc. 1).

p. 12, l. 16. Lessing originally wrote 'diesen Gesandten'. Cf. letter to Karl Lessing (March 1, 1772): 'So habe ich gewiß nicht geschrieben, und es ist undeutsch. Es muß heißen: Lassen sie den Grafen dieser Gesandte sein'. But cf. Lessing, *Der junge Gelehrte*, Act III, Sc. 9: 'Lassen sie ihn den ersten und den letzten sein' and Goethe, *Werther*: 'Laß das Büchlein deinen Freund sein.' Cf. *Herrigs Archiv.*, Vol. 59, p. 470 ff. H. v. Wolzogen: *Kleine Schriften*, Vol. I, pp. 205 pass.

ACT II

Just as Act I is devoted in the main to the antagonists, so Act II is given over almost entirely to the protagonists. The exposition is continued. As in Act I, however, the exposition and the dramatic action are happily intertwined. The arrival of Odoardo and later of Appiani is instrumental in giving us new information regarding the character and circumstances of the chief dramatic persons, and the discussions between Angelo and Pirro denote an advance of the dramatic action which began to move forward at the end of the previous Act. With the appearance of Marinelli and of Emilia the action gathers speed.

p. 14, l. 11. *Überraschung*. The 1772 edition has Übereilung.

p. 15, l. 35. *Pistolen*. Originally a Spanish coin.

p. 16, l. 24. *Die jungen Lente*. Cf. Dutch jongelui ('the newly-married couple').

p. 18, l. 37. The 1772 edition has 'O Claudia, eitle törichte Mutter!'

p. 21, l. 20. *Halle* = Vorhalle.

p. 21, l. 26. An obvious contradiction with p. 34, l. 13 passim; and p. 36, l. 33. Cf. A. Schöne: *Zu Lessings Emilia Galotti* (*Zs. f. deut. Philologie*, Vol. 26, pp. 229 pass.) and C. von Klenze: *Emilia Galotti*, II, 6 (*Modern Lang. Notes*, Vol. IX, pp. 427 pass.). Schöne believes that Emilia is in love with the Prince, yet 'nach Lessings Plane muß Emilia absolut schuldlos und das willenlose Opfer einer ruchlosen Intrigue sein' (p. 233); v. Klenze repudiates this view and takes Emilia's guilt to be the 'impression' which the Prince has made on her. He explains the inconsistency by saying that the Prince was right. Emilia did not answer his entreaties. But the fascination of the Prince for her and her confusion make her say that she answered him. 'She indistinctly remembers feeling a touch of joy (?) in spite of her fear and indignation, and she remembers being strongly tempted to say something to the prince. Hence, when talking to her mother, she believes she really answered him' (p. 430). We cannot agree that Emilia's confusion is due to a latent sense of guilt produced by the 'impression' made on her by the Prince. She is genuinely upset by the breach of propriety. Her sense of guilt is revealed not in Act II, but in Act V, when she realizes that her failure to tell Appiani about the scene in church has contributed to the tragic developments.

p. 21, l. 35. *Die Furcht . . . Sinn.* These words were originally spoken by Emilia. Karl Lessing thought this improbable and suggested that Claudia should speak them. Lessing concurred. (Cf. letter to Karl February 10, 1772.)

p. 21, l. 40, *nicht ohne Mißfallen.* Wrong use of double negative. Should have been either 'nicht ohne Wohlgefallen' or 'nicht mit Mißfallen'. Cf. other examples of double negatives in *Emilia Galotti*, p. 42, l. 30; p. 43, ll. 9 f. Such double negatives occur frequently in German after verbs like warnen, verhüten. Cf. W. Heraeus: *Haud impigre (Neue Jahrb. für Philologie u. Pädagogik,* 1886, pp. 715 pass.) L. Bellermann: *Zs. f. d. Gymnasialwesen,* 1872.

p. 22, ll. 3 ff. In Montiano's drama Virginia asks her nurse Publicia for advice and then disregards her counsel. Lessing changes the episode by making Emilia act contrary to her own inclination, in deference to the wishes of her mother. For an estimate of the difference between the dramas of Lessing's predecessors and *Emilia Galotti*, particularly as far as the problem of dramatic guilt and the ultimate purpose of the drama are concerned, this change is of some importance.

p. 22, l. 29, *nehmen* = benehmen.

p. 24, l. 19. Cf. Gryphius, *Catharina von Georgien,* l. 330-334:

CATH.   als ich den stul bestiegen
> Sah ich in einem nu die gantze pracht verfliegen
> Den diamanten glantz, der auf dem kleide spielt,
> In perlen gantz verkehrt . . .
> Biss mir das klare blut von beyden schläffen lief.

Cf. Gryphius' own note: 'Perlen bedeuten bei den traum-auslegern thränen. Pseudo Salomon lib 5. Qui videt sibi adduci sarginas (lego sarcinas) Margaritarum, significat dolorem aut ploratum fortem cap 14' (H. Palm, ed. *A. Gryphius Trauerspiele,* 1882, p. 161, p. 253).

p. 25, ll. 14 ff. Montiano's Icilus has the same prophetic feeling of impending calamity.

p. 26, ll. 11 ff. In Champistron's play the relations between Clodius and Icilius are similar to those between Marinelli and Appiani in *Emilia Galotti*. Clodius causes Virginia to be abducted from the temple and brought to Appius' palace, without the latter's knowledge. Lessing found it more useful to borrow an episode from *Clarissa Harlowe*, when Lovelace pursues Clarissa into church. It was important for Lessing that the Prince should not only share Marinelli's moral guilt, by a connivance of the plan for the abduction of Emilia, but also his dramatic guilt. As Marinelli points out later, the Prince commits a serious error by following Emilia to church and accosting her there. The mistake is even more serious than Marinelli surmises, since even he does not know that Orsina's spies witnessed the incident. The decisive developments in Act IV, when the initiative passes from Marinelli to Orsina and Odoardo, can be traced to the step which the Prince had taken without Marinelli's knowledge. By thus borrowing judiciously from Champistron and Richardson, Lessing has in effect produced an original and well motivated dramatic episode.

p. 28, l. 37. The 1772 edition has 'Nicht doch!' once only.

ACT III

This Act is devoted to the development of Marinelli's plot and its consequences. After the revelation of Emilia's abduction and her appearance, the dramatic interest is allowed to flag, in accordance with the practice of classical playwrights, in order to prepare for the highly dramatic crises of the following Acts. The climax of the drama is, however, not to be found in this Act, as it usually is in a classical tragedy. To Act III in particular can be applied the words of Otto Ludwig: 'Die innere Technik ist Shakespearisch, die äußere französisch. Diese letztere hat viele kleine Behelfe eingeschmuggelt (a reference e.g. to the avoidance of physical action on the stage). Sehr richtig hat Lessing für diese Weise einen einfachen Stoff gewählt. Im Kerne des Stückes, im eigentlich tragischen Nexus sind sur die drei Personen, der Prinz, Emilia Galotti und etwa noch Appiani. Alles andere ist Detail' (loc. cit., p. 455). The last part of this statement is indefensible. In Acts IV and V Odoardo moves into the very centre of the 'tragische Nexus'.

The action is continuous from Act III to Act V. There is no considerable lapse of time between each Act. Nevertheless the division of the action into Acts is not arbitrary, since the arrival of Claudia at the end of Act III, and the departure of Claudia and Orsina at the end of Act IV form important psychological stages in the development of the plot.

p. 31, l. 27. *selbfünfziger*—(with 49 others).

p. 31, l. 29. *eher* = 'schon einmal'.

p. 32, l. 12. *Planke* = fence.

p. 32, l. 26. *Maske* = a masked person.

p. 33, l. 6. *Schliche* = 'Schleichwege'.

p. 37, ll. 30 f. In the 1772 edition, the words 'oder vielmehr nicht anhörten' are missing.

p. 38, l. 7. *und nun . . . mehr billigen*. An ambiguous phrase.

Some commentators believe that the Prince refers to Emilia's expectation of finding her mother and Appiani in an enjoining room, others hold that he is thinking of the means by which he hopes to achieve his aim.

ACT IV

With the entrance of Orsina and Odoardo develop the 'retardierende Momente', the possibilities of escape for the heroine. In stages of rapidly increasing intensity Marinelli's and the Prince's machinations are laid bare to Odoardo. After these revelations by Orsina and her presentation of the dagger to Odoardo the way is apparently prepared for Emilia's deliverance.

p. 42, l. 1 (*als aus dem Zimmer . . . kommend*) 'as if he were coming from the room'.

p. 43, l. 9. *betreten*. This verb, used transitively, is not infrequently found with the meaning 'to surprise'.

p. 44, l. 14. The 1772 edition has: 'Nur, guter Freund, muß es ein kleines Verbrechen, ein kleines, stilles, heilsames Verbrechen sein'.

p. 44, l. 40. *einfältig* = einfach.

p. 45, l. 24. *auf Kundschaft kommen* = 'sich erkundigen'.

p. 45, ll. 26 ff. The Prince's predicament at the arrival of Orsina is decidedly comic. It may, however, not have been Lessing's primary intention to provide some comic relief, since the scene also effectively illustrates the Prince's lack of resourcefulness and his dependence on Marinelli in every major crisis.

p. 46, l. 33. *Antworts*—'Antwort' was originally a neut. noun.

p. 48, ll. 5 ff. Rötscher has pointed out the sophistry of Orsina's argument. If we are indifferent about something, this does mean that this thing does not exist. (*Jahrb. für dram. Kunst I*, 1847, p. 160 f.)

p. 54, ll. 2 ff. Kettner points out that Lovelace attempts to spread the belief that Clarissa is mad, and that Lessing used phrases reminiscent of expressions like 'O my poor head!', 'There is no frenzy here' (loc. cit., pp. 214 f.).

p. 54, l. 34. Cf. Gracian (*Oraculo manual*) in Schopenhauer's translation: 'Viele verlieren den Verstand deshalb nicht, weil sie keinen haben'.

p. 56, l. 9. *Gewehr*—older use for modern German 'Waffe'.

p. 56, l. 11. *Schubsäcke* = 'Taschen'.

ACT V

Striking features of this Act are the encounters, for the first time in the play, of Odoardo with the Prince and with Emilia. The climax is reached in Scene 5 when Odoardo refrains from using the dagger against the Prince, after which the avenues of escape which had opened in the previous Act are irrevocably closed, mainly by Marinelli. The tragedy rises to the catastrophe, the stabbing of Emilia, after a piece of belated exposition regarding the effects on her of her visit to the house of the Grimaldis. 'Es gerät und mißrät alles bis zum tragischen Ausgange. Ob dieser nicht anders hätte sein können? bleibt dem Dichter anheimgestellt, genug, daß dieser ihn diesmal nicht anders haben wollte' (Herder, *Adrastea*, Suphan 23, p. 376). The four principal actors are brought together for the first and only time in the final scene.

p. 59, l. 32. *Neidhart*—lit. 'strong in envy'. Cf. Leonhard, Bernhard, etc. In Lessing's day 'Neidhard' had come to denote a man of surly disposition.

p. 60, l. 22. *Lust büßen* = 'Lust befriedigen'. The phrase is frequently found in the eighteenth century, e.g. in Wieland, Goethe, Schiller.

p. 61, l. 1. The reflexive use of 'verweilen' is occasionally found, but not as frequently as the intransitive use.

p. 62, l. 4. *Hofschranze*. 'Schranze' originally meant a well-dressed young man, then the word became a synonym for 'Geck'. In the present form and meaning ('servile courtier') Lessing uses the word as a fem. noun.

p. 62, l. 16. *unanständig* = 'unpassend'.

p. 65, l. 37. The 1772 edition has 'so müßte sie'—a better reading than that of the standard texts.

p. 65, l. 40. *Geck* = 'Narr'.

p. 66, l. 15. The 1772 edition has 'Ich lasse mir alles gefallen.'

p. 67, l. 3. Kettner quotes a similar phrase in Crisp's drama:

> Alas, she comes this way—I must not see her
> She melts me so—I cannot (loc. cit., p. 190).

Odoardo's words have greater dramatic power than those of Crisp's Virginius, because of the intricate situation in which he is placed.

p. 68, ll. 36 ff. Cf. G. Witkowski: 'Dieses Motiv, daß Emilia sich jetzt des Tumultes erinnert, in den das Haus der Grimaldi ihre Sinne versetzt hat, ist ganz unglaubhaft' (*Lessings Werke, Meyers Klassiker Ausgaben*, Vol. 2, p. 448).

Cf. Matthias Claudius' remarks in his review of Lessing's play in the *Wandsbecker Bote*, April 14 and 15, 1772: 'Eines kann ich mir in diesem Augenblick nicht recht auflösen, wie nämlich die Emilia . . . so zu sagen bey der Leiche ihres Appiani an die Verführung eines anderen und dabey an ihr warmes Blut denken konnte. Mich dünkt, ich hätte in ihrer Stelle halb nacket durch ein Heer der wollüstigsten Teufel gehen wollen, und keiner hätte es wagen sollen mich anzurühren.' The whole scene has been much criticized. Cf. J. Sime: 'Herein lies the condemnation of the play as a finished work of art. The Emilia who thus speaks is not the Emilia who speaks in the earlier scenes. . . . Here she displays an amazing, a repulsive acquaintance with the meaner aspects of human nature' (*Lessing*, 1877, Vol. II, pp. 120 f.). Many critics do not take Emilia's words seriously and believe that she is pretending to be vulnerable in order to incite her father. These critics do not envisage the possibility of a development in Emilia's character. The obvious difficulty here is the time factor. Lessing's preservation of the Unity of Time makes it improbable that he intended us to believe in a change of character. But he does convey the impression that an aspect of Emilia's nature, hitherto kept under control by the exercise of religious devotion, threatens to find more complete release. The words that she uses seem to imply that she was not fully aware at the time of the true nature of her emotions in the house of the Grimaldis. The distressing incident in church and the harrowing experiences since then have made her aware of those impulses which had lain dormant. It is above all in this development that Lessing's use of Leibniz' theory of the unconscious, as revealed in the *Nouveaux Essais*, may be traced, and not, as Kettner surmises, to the characterization of the Prince in Act I. Cf. Leibniz, *Nouveaux Essais*: 'Ces perceptions insensibles marquent encore et constituent le même individu, qui est caractérisé, par les traces, qu'elles conservent des états précédens de cet individu, en faisant la connexion avec son état présent. . . . Elles donnent même le moyen de retrouver le souvenir au besoin par les développemens périodiques, qui peuvent arriver un jour' (*G. G. Leibnitii Opera Philosophica*, ed. J. E. Erdmann, Berlin, 1840, p. 197).

p. 69, l. 34. A reviewer in the *Neue Zeitungen von Gelehrten Sachen*, Oct. 1772, criticizes Emilia's words and observes: 'So stirbt niemand'. Cf. a similar image from Crisp's play: 'Sweet hapless flow'r Untimely cropt by the fell planter's hand!'

p. 70, l. 19. It is strange that Lessing here uses a device which he had roundly condemned in the *Hamburgische Dramaturgie*: 'Der tragische Dichter sollte alles vermeiden, was die Zuschauer an ihre Illusion erinnern kann; denn sobald sie daran erinnert sind, so ist sie weg . . . Dem komischen Dichter ist es eher erlaubt, auf diese Weise seiner Vorstellung Vorstellungen entgegenzusetzen' ('Stück' 42). Even if one does not hold the view that the dramatists' art consists in the creation of perfect illusion, one would agree with Lessing that references to the theatre in a tragedy divert the spectator's interest and act as a means of 'Stimmungsbrechung'.

p. 70, l. 27. *Hier! heb' ihn auf . . . nicht mischen*. The Prince orders Marinelli to pick up the dagger and stab himself with it. He immediately countermands the order, and sends Marinelli into exile. Herder was one of the first to conjecture that Marinelli's return was merely a matter of time. (*Briefe zur Beförderung der Humanität*, Suphan 17, p. 184).

p. 70, ll. 31 ff. 'Die Schlussworte sollen, im Zeitalter des Absolutismus geschrieben, einer politischen Wirkung des Stückes nach Kräften vorbeugen'
(Witkowski, loc. cit., p. 448). But cf. Sime: 'That Lessing meant to utter a
solemn warning to the princes of the time, there can be no question' (loc.
cit., p. 123).

SELECT BIBLIOGRAPHY

H. Baumgart: *Handbuch der Poetik*, 1887, pp. 485 ff.

F. Brüggemann: *Lessings Bürgerdramen und der Subjektivismus als Problem*. (*Jahrb. des Freien Deut. Hochstifts* 1926). *Die Entwicklung der Psychologie im bürgerlichen Drama Lessings und seiner Zeit* (*Euphorion*, 26).

J. Clivio: *Lessing und das Problem der Trägodie* (*Wege zur Dichtung*, Vol. 5, 1927.)

W. Dilthey: *Das Erlebnis und die Dichtung*, 1929.

A. Eloesser: *Das bürgerliche Drama*, 1893.

K. Fischer: *Lessing als Reformator der deutschen Literatur*, 1881, Vol. I.

H. B. Garland: *Lessing*, 1937.

G. Kettner: *Lessings Dramen im Lichte ihrer und unserer Zeit*, 1904.

W. Oehlke: *Lessing und seine Zeit*, 1919.

R. Petsch: *Zur Psychologie der Emilia Galotti* (*Zs. für deutschen Unterricht*, Vol. 26, 1912, pp. 529 ff.).

H. Rempel: *Tragödie und Komödie im Schaffen Lessings* (*Neue Forschung*, 1935).

J. G. Robertson: *Lessing's Dramatic Theory*, 1939.

R. Schacht: *Das Problem der Emilia Galotti in literarhistorischer Beleuchtung* (*Zs. f. deut. Unter.* Vol. 26, 1912, pp. 380 ff.).

E. Schmidt: *Lessing*, Vol. II, 1923 (4 Aufl.).

L. Volkmann: *Zu den Quellen der Emilia Galotti* (*Festschr. z. 50 jähr. Gedenkfeier der Begr. d. Städt. Realgymnasiums zu Düsseldorf*, 1888). *Die tragische Hamartia bei Lessing* (*Festschr. z. Feier d. 25 jähr. Bestehens des Gymnasiums zu Jauer*, 1890).

O. Walzel: *Lessing's Begriff des Tragischen* and *Das Bürgerliche Drama* (*Vom Geistesleben alter und neuer Zeit*).

H. J. Weigand: *Warum stirbt Emilia Galotti?* (*Journal of Engl. and Germ. Philology*, 1929).

R. M. Werner: *Emilia Galotti*, 1882.

B. v. Wiese: *Lessing*, 1931.

A. Wiskemann: *Die Katastrophe in Lessings Emilia Galotti*, 1883.

The standard text is contained in Vol. 2 of the Lachmann-Muncker edition of Lessing's works, 1886–1924.